MOHAMED DIABY

Mohamed Diaby naît à Abidjan le 7 mai 1990 où il grandit parmi ses sept frères et sœurs jusqu'en octobre 2003, date de son arrivée à Paris.
Huit mois plus tard, alors âgé de 14 ans, il devient le plus jeune bachelier de France.
Aujourd'hui en deuxième année de classe préparatoire scientifique au sein du prestigieux lycée Charlemagne, il prépare, à 15 ans, Polytechnique, Centrale et les Mines.

MOI, MOMO, 14 ANS, IVOIRIEN… ET PLUS JEUNE BACHELIER DE FRANCE

MOHAMED DIABY

avec la collaboration de Damien Albessard

MOI, MOMO, 14 ANS, IVOIRIEN… ET PLUS JEUNE BACHELIER DE FRANCE

Jean-Claude Gawsewitch Éditeur

ISBN 978-2-266-16120-6

À mon père, ma mère,
à mes sœurs Tina et Amy
et à monsieur Richard

Préface

Il est 21 heures ce 10 octobre 1989 à Abidjan. L'air est lourd, saturé d'humidité. Je suis seul. De la plage du Golf Hôtel, j'observe les eaux de la lagune, et les lumières de la ville, au loin. C'est ma première nuit africaine, la première fois que je goûte cette épaisseur et cette étrangeté qui bientôt me deviendront familières. Dans le même temps, mon cœur est lourd lui aussi. C'est que je me trouve à 6 000 km de chez moi, coincé pendant deux années dans un pays où je ne connais personne. Pourtant, cette situation, je l'ai voulue. Pour trois raisons au moins : enseigner pendant vingt-quatre mois dans un pays étranger vaut mieux que de se « taper » douze mois en caserne à jouer au petit soldat ; ensuite, le père de mon père a vécu presque vingt ans au Gabon, ce que mon esprit ne pouvait ignorer ; enfin, l'amour – toujours l'amour – impossible avec K. m'avait brisé l'âme, alors autant partir. Partir, « le plus beau mot de la langue française » dit G. Matzneff.

Après un malentendu concernant mon lycée d'affectation – le lycée technique de Yopougon affiche complet et n'a nul besoin de mes services – je me retrouverai finalement au lycée technique de Cocody. J'y ai pris mon service le 22 octobre. Cinq classes, soit environ 250 élèves, et en uniforme, je vous prie. Autant dire la garantie de confondre les élèves. Certains sont plus vieux que moi, mais tous sont sympathiques et respectueux. Ici, nul besoin de faire de discipline et c'est tant mieux. Parmi les deux mille lycéens, il s'en trouve un, ou plutôt une, prénommée Adjara, qui va prendre dans ma vie une grande importance. Elle m'aborde un jour de décembre, alors que je me repose, assis sur un banc, entre deux cours. Elle veut faire connaissance dit-elle. Je n'y suis pas opposé. Il faut savoir qu'en Côte d'Ivoire, et plus généralement en Afrique noire, l'abord d'un inconnu n'est pas aussi connoté que chez nous. Faire connaissance avec l'autre, sympathiser, tout cela est naturel. L'autre n'est pas *a priori* une menace, mais un ami potentiel.

Quelques semaines plus tard, c'est ce soir-là, alors que je suis passé chercher Adjara à Abobo afin d'aller dîner dans un maquis des environs, que je comprends. Elle arrive, légère, par une voie misérable que bordent d'humbles cours communes, vêtue d'un tailleur vert pomme. La grâce dans toute cette misère m'émeut au-delà de ce que j'en puis dire. Je suis fichu.

La rencontre avec ses parents se fit peu de temps après. Invités à dîner, nous nous rendîmes un soir, un ami et moi, dans la cour commune où vivait, entre autres, sa famille. Il s'agissait d'un espace rectangulaire de terre battue, cerclé entièrement de pièces à auvent, dans lequel s'affairaient un grand nombre de personnes autour de fourneaux à charbon. La nuit était déjà tombée, et seuls ces brûlots éclairaient les lieux. Nous fûmes présentés en tant qu'amis d'Adjara, sans autre précision, puis, tandis que nous discutions avec son père, les enfants de la cour se mirent à tourner, surpris, tout autour de nous, les « toubabous » (hommes blancs). La soirée fut agréable ; parents et adultes mêlés étaient courtois, attentionnés et même, je le crois, honorés. On nous fit manger de la meilleure façon – poisson et poulet braisés, manioc, igname, bananes frites, légumes divers achetés comme toujours au marché matinal du coin –, on nous posa aussi un grand nombre de questions.

Ce n'est qu'ensuite – un mois s'était écoulé – qu'on apprit que j'étais un ami d'un genre un peu particulier. La famille fut quelque peu intriguée mais pas outrée et, passé les interrogations et réticences ordinaires de parents soucieux du devenir de leur enfant, surtout si celui-ci est la fille aînée d'une famille musulmane, m'accepta comme j'étais : blanc, chrétien, et pas spécialement fortuné.

Momo, le petit frère d'Adjara, naquit le 7 mai 1990. Il doit son prénom, Mohamed, à cette date et à sa position de premier garçon de sa mère. Après six filles, celle-ci gardait toujours l'espoir d'avoir un garçon ; d'aucuns se seraient découragés à sa place, pas elle. Il faut dire que Madame Diaby, tout comme son mari, a la foi, la vraie, celle qui permet d'accepter sans se plaindre, dans la dignité et l'espérance ; Selon moi, elle est une personne remarquable, illettrée peut-être, mais sage et clairvoyante, et douée de ce sixième sens auquel nous ne croyons plus depuis longtemps… L'enfant n'aura de cesse de hurler chaque fois qu'il m'apercevra, mais aussi de me chercher du regard en même temps.

En juillet 1991, mon contrat finissant, je me devais de regagner la France, d'autant que mes études étaient restées inachevées. Je quittai ce beau pays qu'est la Côte d'Ivoire, à regret, j'y laissai de nombreux amis et presque une famille.

Ce n'est qu'en août 1994 que je retrouvai le sol ivoirien, Adjara, Momo, et – presque – toute la famille. L'enfant, entre-temps, était devenu un garçonnet de quatre ans, attachant, curieux, mais parlant uniquement dioula, ce qui nous empêchait de vraiment communiquer. Mais inlassablement, à chacune de mes visites, le petit bonhomme m'interrogeait sur la traduction française de tout ce qui lui passait par la tête, « ça, c'est quoi ? », « ça, c'est quoi ? », en montrant du doigt, et il retenait de façon surprenante. Si bien qu'au bout de cinq semaines, lors de mon départ, il se débrouillait déjà pas mal en français. Sitôt marié, rentrée oblige, j'avais regagné la France. Adjara ne tarda pas trop à me rejoindre, car enfin, puisque reliée administrativement à un Français, le consulat de France en Côte d'Ivoire, autant dire la France, consentit à lui octroyer un visa – chose que notre beau pays avait cru devoir refuser jusque là, fût-ce en qualité de touriste.

Pourquoi et comment Momo vint à nous rejoindre neuf ans plus tard, c'est ce que le lecteur apprendra dans les pages qui suivent.

En guise de clin d'œil, notons qu'âgé aujourd'hui de quinze ans, Momo préparera cette année, entre autres, le concours d'entrée à l'École Polytechnique, surnommée l'X. Mais c'est à sa « qualité » d'étranger qu'il doit de pouvoir concourir dès la session 2006, sinon, en tant que français, il eût été jugé trop jeune…

Je ne puis conclure cette préface, sans dire un mot de la tension politique sans précédent que connaît la Côte d'Ivoire depuis septembre 2002. N'ayant pu, personnellement, retourner dans ma seconde patrie depuis 1994, je ne ferai que signaler les impressions de pacifisme, d'humanité, d'ouverture d'esprit, que j'ai toujours ressenties au contact des Ivoiriens, qu'ils soient de souche ou d'adoption. La Côte d'Ivoire fut un grand pays de mélanges ethniques, raciaux, religieux, nationaux ou autres, elle fut une terre d'accueil pour tant de Français, Libanais et Africains de tous horizons. Souhaitons que son avenir soit à la hauteur de son glorieux passé.

À cause de cette tension, Momo n'a plus vu ses parents depuis presque deux ans…

Richard Bergez

Demain, les résultats !

Je n'ai pas sommeil. J'aimerais pouvoir dormir mais je n'y arrive pas : trop énervé, sans doute. Quelle heure peut-il bien être ? Et surtout, où se cache ce maudit réveil ? Je tâtonne dans le noir. Il n'est nulle part. Je croyais pourtant l'avoir posé sur le sol avant de me mettre au lit. Je pose toujours les objets au même endroit, c'est mon côté obsessionnel. Tant pis, laissons tomber, ce n'est pas très important. Il faut que je me calme. Surtout que j'arrête d'y penser. Autour de moi, le studio est calme. Seuls quelques soupirs me parviennent, espacés. Ma sœur Adjara dort paisiblement sur le clic-clac à l'autre bout de la pièce. Je ne sais pas comment elle fait.

J'ai soif. Allons bon, il y a toujours quelque chose qui ne va pas. Je me lève sans bruit et m'avance vers le bar qui sépare la kitchenette du reste de l'appartement. Au moment où j'ouvre le robinet, un énorme filet d'eau jaillit. Je suis tout aspergé. Dans son sommeil, Adjara se retourne. Je règle le débit et remplis un verre, j'attends en silence. Ne pas faire de bruit, Momo, ne pas faire de bruit. Quelques secondes s'écoulent. Adjara ne s'est pas réveillée. En reposant le verre, j'aperçois soudain le réveil près de l'évier. Ma sœur a dû s'en servir pour cuisiner. Les aiguilles phosphorescentes indiquent 00 h 30. Je viens de passer trois heures sans dormir. En général, je ne mets pas plus de cinq minutes à trouver le sommeil.

Ayant emporté le réveil avec moi, je me recouche sur le dos et contemple les poutres au plafond. Je laisse mes pensées vagabonder. Elles me ramènent invariablement au baccalauréat.

Ma cuisse me gratte. Il fait une de ces chaleurs ! Malgré les deux fenêtres ouvertes, l'air ne passe pas. Je me tourne sur le côté, à l'endroit où les draps sont frais. Bientôt 1 h 00. Au mieux, j'aurai dormi sept heures. À présent, c'est au tour de mon mollet de me démanger. Penser à autre chose. Tout ça, Momo, c'est dans ta tête. Je me retourne encore une fois, ferme les yeux à nouveau. Dans la rue, des voitures klaxonnent. C'est l'été, des gens rient, crient, chahutent. Je les envie un peu. Ils n'attendent pas les résultats du bac, eux !

7 h 30. Je somnole. Le jour est levé depuis une bonne heure. Les fenêtres sont toujours ouvertes. Les bruits de la rue me parviennent, plus denses. Adjara est déjà debout, comme toujours ; elle s'affaire autour de nos petits-déjeuners. Depuis huit mois que je suis en France, elle n'a cessé d'être une mère pour moi.

7 h 45. Mes paupières tombent toutes seules. Enfin, la fatigue se fait sentir. Manque de chance, ma sœur va m'appeler dans quelques minutes. Plus qu'un quart d'heure de répit, autant dire rien du tout.

— Momo ! Momo !

— Oui. J'arrive.

— Je voulais juste te dire qu'il est 8 h 15.

Cette annonce achève de me réveiller. Je me redresse aussitôt. Ma sœur est à genoux près de mon matelas, décoiffée ; elle me sourit.

— Tu as rendez-vous avec Afchine et Pierre à 9 h 00. Et tu sais pourquoi ?

Elle aime me taquiner.

— Parce qu'à 10 h 00, tu vas chercher tes résultats du bac.

Je me tourne vers elle. Elle sourit encore, elle sourit toujours. Elle a l'air confiante. Sur ses conseils, je file à la douche pour ne pas rater mon rendez-vous avec mes potes. On s'est dit qu'aller chercher les résultats à trois, ce serait plus rassurant.

Malgré l'eau qui me rafraîchit un peu, j'ai la tête lourde. Dans deux heures, je saurai. Curieusement, je n'ai pas le trac. Je suis peut-être trop vanné pour avoir le trac. Ou alors, j'ai peut-être appris à relativiser plus que je ne me l'imagine ; il faut dire que chez moi, j'ai été à bonne école.

Assise devant un bol de chocolat, en peignoir, ma sœur bâille. Je m'habille fissa. Un jean et un T-shirt feront l'affaire.

— Pas celui-là, il est sale, tente ma sœur.

Je m'assieds à côté d'elle, regarde mon bol vide, y verse le lait chaud, des céréales, avant de me remettre à le contempler, incapable de la moindre réaction. Quelques minutes s'écoulent ainsi, dans le silence le plus complet.

— Tu vas avoir du mal à lire tes résultats dedans.

Son humour ne m'atteint pas.

— Tu ne manges pas ?

Je n'ai pas faim. Cependant, je ne peux pas lui répondre. En fait, je ne sais même pas quoi lui répondre. À cet instant, je suis seulement capable de touiller des céréales au miel dans un bol de lait chaud. Le regard vide. Quelques instants plus tard, je repousse le bol. Je suis ailleurs.

J'embrasse ma sœur avant de partir.

— T'inquiètes pas, Momo, ça va bien se passer.

Je n'en sais rien. Je ne sais plus rien. Je ne sens plus mon corps, mes jambes marchent toutes seules. Comme l'ascenseur se fait attendre, je décide de descendre à pieds. Et puis, ça m'évitera toute conversation.

Une fois sorti de l'immeuble, rue du Chemin vert, j'encaisse un souffle chaud. L'épicier d'en face n'est pas sur son trottoir. Des passants se mêlent aux voitures. Direction, la station de métro Saint-Maur : notre point de ralliement à tous les trois.

Je ne l'ai pas, j'en suis sûr. L'histoire m'a coulé. Je ne connaissais pas le sujet. Je n'ai pas fait les bons calculs. C'est comme pour la philo. Je ne l'ai pas senti. Je n'aime pas ça, je n'aime *vraiment* pas ça.

Une tape dans le dos. Je me retourne : c'est Afchine.

— J'essaye de te rattraper depuis tout à l'heure…

Afchine habite lui aussi le quartier. Français d'origine iranienne, c'est mon meilleur ami. Fashion, il s'est lui-même surnommé « Bogoss2ouf ».

— … Tu traces, j'avais du mal à te suivre, mec…

Courbé en deux, les mains posées sur ses genoux, il reprend son souffle.

— … Alors, ça roule ?

Ça roule. Claquement de doigts en guise de bonjour. La bouche du métro est à cinquante mètres à peine.

— Pierre nous rejoindra directement au lycée. Il a eu un contretemps comme d'habitude, m'explique Afchine.

Pierre est grand, costaud, c'est le breaker de la bande.

— En contrepartie, on récupère Samuel. On doit l'attendre là.

C'est un autre élève du lycée Massillon, un garçon discret et intelligent. Je le connais un peu moins bien.

Arrivés à l'entrée du métro, on s'adosse à un mur pour attendre.

— Je ne sais pas toi, me fait Afchine, mais moi je n'ai pas dormi.

— Moi non plus, pas très bien.

Bien que le lycée Voltaire, où seront affichés dans une heure les résultats du bac, ne soit qu'à quelques minutes de la station de métro, déjà Afchine peste à cause du retard de Samuel. Qui arrive enfin. Lui aussi, il a l'air un peu tendu.

— Ça va, Momo ?, me demande-t-il.

— Ça va.

Mon estomac couine de plus en plus. Samuel, lui, reste silencieux.

— Tu es sûr ? Tu n'as pas l'air d'aller bien.

— Si, si, ça va.

— Mais ne t'inquiète pas, tu l'auras ton bac, poursuit-il.

— J'espère, j'espère.

Je ne sais plus trop si c'est pour la mention ou seulement pour le bac que je stresse comme ça. Mon impatience est d'autant plus grande qu'avant-hier, une journaliste a appelé ma sœur. Elle paraissait connaître mes résultats. Adjara m'a prévenu de son coup de fil, mais a refusé de me dire quoi que ce soit afin que je ne sois pas privilégié par rapport à mes camarades. Une partie de la nuit, c'est l'idée de ne pas avoir de mention qui m'a empêché de dormir. Désormais, mon anxiété s'ajoutant à la leur, je ne suis plus sûr de rien.

Le lycée Voltaire, avenue de la République. Ses portes. Une centaine de lycéens attendent devant, en tas. Et nous, à quelques mètres, sur le trottoir d'en face, contre un mur, encore.

— Ces jeunes, ils ne savent pas attendre correctement, murmure Afchine à côté de moi.

Je ne réponds pas, n'esquisse même pas un sourire. Je suis trop occupé à fixer l'entrée des yeux. Il est 9 h 55. Les résultats ne devraient plus tarder, maintenant. Sept minutes plus tard, les portes s'ouvrent. Murmure général. Tout le monde s'engouffre à une vitesse ahurissante. J'entends quelqu'un m'appeler. C'est la journaliste de l'AFP avec qui j'avais rendez-vous ce matin. Elle m'a appris il y a quelques semaines que j'étais le plus jeune candidat au bac cette année, et veut me suivre jusqu'aux résultats pour « voir » ma réaction. Tandis que nous franchissons la porte, Afchine lui parle. « Il l'aura, c'est obligé ». Je la vois écrire sur son carnet, « il l'aura ».

Au fond de la cour, j'aperçois un grand mur sur lequel les notes sont affichées. Beaucoup de monde se presse devant. Je suis bientôt séparé de mes deux camarades. La journaliste reste auprès de moi. Son carnet à la main, elle continue à prendre des notes. Je tente une percée, priant pour que personne ne m'annonce le résultat avant. Pas facile de se frayer un chemin au milieu des rires et des pleurs. Plus que quelques mètres avant les feuilles. Je peux d'ores et déjà les apercevoir, petites lignes indistinctes, noires sur blanc. Je m'approche encore. La journaliste est toujours sur mes talons, mais je n'ai d'yeux que pour ce mur, là, à une longueur de bras. À présent, je peux le toucher. Les noms sont classés par mentions. Par où commencer, les mentions ou les recalés ? Le moins terrible, c'est quoi ? Je commence par les mentions « assez bien ». Diaby, Diaby… Rien. Je n'ai pas fait le bon choix. Je me précipite aussitôt sur les noms de ceux qui n'en ont pas, les « passable » comme on dit. La journaliste est aux aguets, notant la moindre émotion que je pourrais laisser échapper. Voyons. Diaby, Diaby… Ça y est, Diaby Mohamed. J'ai mon bac. Onze de moyenne. Je me tourne vers la journaliste qui a cessé d'écrire, des larmes commencent à me monter aux yeux.

« Alors, tu es content, on dirait ? »

Dans un premier temps, je lui souris sans dire un mot. À ce moment précis, je ne sais pas comment lui faire part de mes sentiments.

Ma famille en Côte d'Ivoire

J'ai mon bac, mais pour moi, la mention aussi était importante. Pas pour mes parents. Eux, ils se moquent du classement, du moment qu'il ne me pénalise pas. Le fait que j'aie réussi à décrocher le bac en France suffit à leur bonheur.

— Alors ? me demande ma mère.

— Je l'ai.

J'ai à peine prononcé ces mots que j'entends un cri. À vrai dire, je crois même que j'en entends plusieurs. Il est 21 h 00 à Paris, donc aux alentours de 19 h 00 à Abidjan. À cette heure-là, tout le monde doit être rentré. Je dis « tout le monde » car la vie là-bas est plus compliquée qu'ici. Ma mère vit seule désormais avec mon petit frère Bouba (11 ans ; surnommé « clecle clemantron », « celui qui joue tout seul »), mes deux sœurs Kadi (18 ans) et Saly (25 ans), ainsi que les quatre enfants de sa sœur. Elle et son mari sont décédés il y a environ cinq ans. En Afrique, il est fréquent de recueillir les enfants de ses proches. C'est ce qu'a fait ma mère avec mes cousins. Mon père, lui, vit ailleurs avec une autre femme, sa deuxième. Je sais que la polygamie peut choquer les Français. Moi-même, je le serais aussi si j'étais né à Paris. Mais en Afrique, tous les hommes ou presque appartenant à la génération de mon père sont polygames. C'est avant tout une affaire culturelle.

Je préférerais cependant que mes parents habitent ensemble. Je n'aime pas savoir ma mère seule. J'aimerais qu'ils soient heureux et qu'ils vivent sous le même toit.

L'histoire de ma famille est difficile à raconter car je n'en connais que les grandes lignes. Voici, en quelques mots, ce que j'en sais.

Bien que mon père soit né en 1940, l'année de naissance qui figure sur ses papiers est 1944. Il a aujourd'hui 65 ans mais 61 officiellement. Il vient de Samatiguila, une ville du nord de la Côte d'Ivoire. Il est le deuxième enfant d'une famille musulmane de modestes commerçants de kola.

La culture et le commerce du kola (graine du kolatier) jouent un rôle important dans l'économie de l'Afrique de l'Ouest. En effet, depuis des siècles, la tradition veut que l'on mâche le kola pour ses vertus thérapeutiques et énergisantes. Cette graine fait partie de la vie de tous les jours. On mâche les graines de kola sur le trajet de la mosquée avant de faire la prière. Lors des cérémonies religieuses, on prie au-dessus du kola avant de les distribuer à tous les membres de la famille et aux amis. La graine est un peu amère et a la consistance de la châtaigne. Elle colore la bouche en rouge.

Pour en revenir à mon père, il est le seul de sa famille à avoir eu la chance de faire des études. Je ne sais pas pourquoi ; à vrai dire, lui non plus. Pourquoi lui et pas son frère aîné ? La légende familiale prétend qu'il le doit

Mon père en 2004 : il a 64 ans et est toujours aussi beau

à son oncle, le frère jumeau de son père. Ce serait lui qui l'aurait poussé à aller à l'école et à poursuivre ses études. Il faut savoir qu'en Côte d'Ivoire, l'oncle est un personnage important de la famille, à égalité avec le père et la mère. Pour chaque grande décision, il convient de demander son autorisation. Ainsi, lorsqu'on souhaite épouser une jeune fille, on ne demande pas sa main à son père mais au frère de son père. Donc, voilà mon père qui suit ses études à Abidjan. Des études de dessin, de géométrie et de mathématiques. Il a de l'ambition. Il veut être professeur, donc fonctionnaire. À cette époque, les fonctionnaires comptent parmi les populations privilégiées. Ils gagnent bien leur vie. L'État leur octroie une villa située dans les beaux quartiers. Afin de compléter au mieux sa formation, l'oncle de mon père décide de l'envoyer en France. Mais le voyage coûte cher. Toute sa famille décide de participer à ce beau projet. Tandis que son oncle et son père économisent de l'argent pour le trajet, ses sœurs décident de vendre des beignets pour les aider. Au bout de plusieurs mois, les efforts de chacun ont permis de réunir la somme nécessaire. Mon père embarque alors à bord du Foucault. Destination : la France. Il a 20 ans.

Pendant le voyage, mon père tombe gravement malade. Il est atteint de drépanocytose, une maladie génétique orpheline. C'est une maladie du sang : ses globules explosent, il a constamment besoin de sang frais. Un peu comme un vampire, sauf que lui ne chasse pas, ni ne mord. Il a besoin de transfusions relativement souvent. En Côte d'Ivoire, près d'un Ivoirien sur six est atteint de cette maladie. Pour la contracter, il suffit que les deux parents en soient porteurs. Heureusement, il existe plusieurs degrés de gravité. La drépanocytose n'est pas forcément mortelle. On peut vivre toute sa vie avec. C'est le cas de mon père. Ce qui ne rend pas le voyage très aisé pour autant. Il a des crises fréquentes, durant lesquelles ses muscles et ses os le font horriblement souffrir. Cette idée, aujourd'hui encore, m'attriste énormément. Le trajet dure quinze jours. À bord, les conditions de vie sont pourtant agréables. Ils ne sont que trois par cabine. Malheureusement, mon père passe la plus grande partie du voyage à l'infirmerie. Plus d'une fois au cours des nombreuses escales qui jalonnent le trajet (Conakry, Dakar...), il manque de débarquer pour faire demi-tour et rentrer chez lui. Les crises se mêlent aux nausées et aux fièvres. Il est complètement épuisé. Mais à chaque fois qu'il se sent sur le point de renoncer, il repense aux sacrifices de sa famille, à ses sœurs qui ont vendu des beignets pendant des mois. Alors, il décide de tenir bon. Il espère qu'une fois en France, ses crises se calmeront. Mon père est un monstre de volonté. Parvenu tant bien que mal à Bordeaux puis à Paris, il trouve un petit logement rue Bichat, dans le Xe arrondissement, et entame ses études.

La vie française lui plaît, les crises s'espacent. Le climat tempéré lui convient beaucoup mieux que le climat tropical, si rude. Les années passent. Il étudie successivement à Marseille, Nîmes, Paris. Il logera longtemps chez un Français, Michel Mascret. Cet homme, après s'être pris d'amitié pour lui, l'accueille et le soutient comme s'il s'agissait de son propre fils. Il s'intègre. Il occupe un poste chez Bouygues tout en continuant à étudier. À cette époque, la France est en plein boom : non seulement le travail abonde, mais on manque de main-d'œuvre. Pour obtenir la nationalité française, mon père n'a pas grand-chose à faire ; il doit seulement remplir certains papiers à la mairie ou à la préfecture. Mais mon père n'est ni un homme pressé, ni un homme soucieux. Et il a une certaine tendance à oublier de faire les choses…

Ma mère, de dix ans plus jeune que mon père, a toujours eu la tête sur les épaules. Tous ses proches le diraient : Mariamou, c'est une sage, rien ne peut l'ébranler. Née à Abidjan, c'est une fille de la ville. Son père est tailleur. Il exerce son métier dans la rue. Sa mère travaille avec son mari ; elle l'aide à ranger, à faire les comptes. Elle est l'âme du commerce. Maman est la troisième d'une famille de cinq enfants. Sa mère est morte en couches à la naissance du petit dernier. Ma mère est alors âgée d'à peine sept ans. À la suite de cet événement tragique, très vite, le commerce de mon grand-père se met à décliner, car il n'a plus le cœur à l'ouvrage. Il tente bien à plusieurs reprises de se remarier, mais ses nouvelles femmes n'aiment pas ses enfants. Ces derniers étant ce qu'il a de plus précieux, il n'a d'autre choix que de chasser ses conquêtes et de rester seul. C'est ma mère qui, avec le temps, en vient à s'occuper du commerce. Grâce à elle, mon grand-père retrouve peu à peu sa joie de vivre. Mais les finances ne sont pas florissantes : chaque jour, ils doivent se contenter de bouillie de riz. Aujourd'hui encore, quand on demande à ma mère son plat préféré, elle répond : « la bouillie de riz », le plat le plus pauvre d'un pays qui n'est déjà pas riche. Je ne trouve pas ça très bon, la bouillie de riz, c'est plutôt fade. Mais ma mère en a mangé toute son enfance et une grande partie de son adolescence ; ce goût reste attaché à son passé.

Sa vie change un beau jour d'été. Elle a seize ou dix-sept ans. Son père lui annonce qu'il lui a trouvé un mari. Ma mère ne bronche pas, la pratique est courante dans ces années-là. Mon grand-père lui explique donc qu'il a

Ma mère en tenue traditionnelle

un ami qui habite dans le nord du pays, à Samatiguila, et que, pour sceller leur grande amitié, ils ont décidé d'unir le fils de l'un à la fille de l'autre. Le garçon en question s'appelle Bakary ; ma mère l'a déjà vu une ou deux fois, lors de dîners ou de fêtes. C'est un beau garçon, quoique plus petit qu'elle de quelques centimètres. Pour l'épouser, elle devra quitter la Côte d'Ivoire car Bakary fait ses études en France. Elle accepte avec beaucoup d'enthousiasme. Son voyage s'organise rapidement et la voilà partie pour Paris. Là, ma mère rejoint mon père dans son petit appartement de la rue Bichat. Ils tombent aussitôt amoureux l'un de l'autre et se marient civilement à Paris quelques mois plus tard. Nous sommes en 1969. Le mariage musulman, célébré dans les règles de la tradition africaine, en présence de l'ensemble de la famille et des amis, aura lieu quelques années plus tard et sera l'occasion d'une fête mémorable.

Le mariage civil de mes parents à Paris

Mes parents prennent goût à la vie française. Cependant, si le climat leur paraît plus sain, l'agitation d'Abidjan leur manque, leurs familles respectives aussi. Mon père, qui travaille comme un forcené pour obtenir ses diplômes, en oublie de faire les démarches nécessaires à l'obtention de la nationalité française, et ce en dépit des remarques réitérées de ma mère. Si seulement il l'avait écoutée !... Il termine ses études en 1970. Mes parents décident alors de rentrer au pays pour chercher du travail. Mon père part le premier. Il veut que ma mère, alors enceinte, accouche à Paris afin que son enfant ait la double nationalité, française et ivoirienne. Mais ma mère ne veut pas rester seule à Paris, et le rejoint quelques mois plus tard.

Adjara naît en 1971. Aînée de la famille et respectée en tant que telle, ma grande sœur sera surnommée « petit modèle » ; elle est spontanée et courageuse. En Afrique, on donne un « nom de caresse » aux enfants. Il est choisi

À Bouaké, dans la maison où vit toute la famille

en fonction de l'apparence physique ou de la personnalité de l'enfant.

Dès son arrivée, mon père trouve un travail : ses diplômes français ont fait la différence. Il devient professeur de dessin en bâtiment à Bouaké, une ville chrétienne au nord du pays. Comme il l'avait prévu, il s'installe dans une grande villa avec plein de pièces, une douche dans chaque chambre et un grand jardin. Le tout payé par l'État, lequel n'a pas encore renoncé à gâter ses fonctionnaires. Mon père, en bon patriarche, décide alors de réunir l'ensemble de sa famille. La taille de la maison et son salaire de fonctionnaire le lui permettent. À mes parents et mes sœurs s'ajoutent maintenant mes grands-parents, des oncles et tantes, des neveux ainsi que des enfants d'amis de mon père que ce dernier a promis de scolariser (en Côte d'Ivoire, cette forme de « tutorat » est assez fréquente). Chacun, à son niveau, participe à la bonne marche de la maison. Mes parents achètent un grand nombre d'animaux, des chiens, des moutons, des pigeons, des cochons d'Inde, une biche et une brebis blanche surnommée « Moussogbê », ce qui signifie « femme au teint clair », qui monte la garde. À chaque fois que quelqu'un s'approche de la maison, la brebis donne l'alerte, bêlant de toutes ses forces tandis que les chiens continuent tranquillement à dormir à l'ombre. De même, dès que mon père rentre du travail, c'est la brebis qui l'accueille la première.

C'est à Bouaké, en 1973, que mes parents donnent une petite sœur à Adjara : Tina, « la joie », toujours contente et d'une grande franchise. Amy, « la discrète », naît en 1977. Puis ce sera au tour de Dousse, « la jolie », en 1979, et de Saly, « la boxeuse », deux ans plus tard.

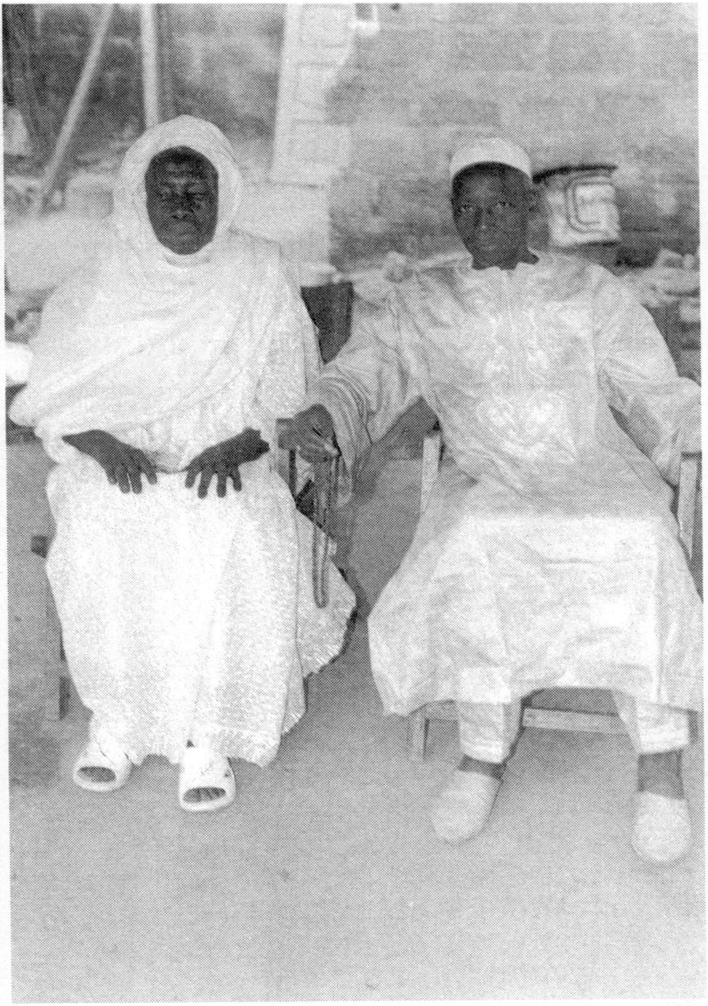

Mon père est avec ma grand-mère le jour de la tabaski (2005)

Hélas, sur les cinq filles, quatre contractent la drépanocytose. Seule Adjara est épargnée. En 1981, influencé par sa sœur, mon père décide de prendre pour seconde femme la meilleure amie de celle-ci. Ma tante n'a jamais aimé ma mère. Elles sont issues de clans différents. L'attachement au clan est très fort en Afrique. Ma mère est une Cissé ; ma tante, ainsi que la nouvelle épouse de mon père, sont des Diaby. Tout ce petit monde cohabite donc avec peine sous le même toit. Comme un malheur n'arrive jamais seul, en 1983, le gouvernement, confronté à une grave crise économique, décide d'annuler tous les avantages des fonctionnaires. À cette

Vers 1980, dans le jardin de la cour avec Adjara (à gauche), Tina (à droite) et Moussogbê (la brebis)

époque, mon père se fait muter à Abidjan. Il part d'abord seul. Il loue un studio à Abobo, un quartier populaire de la capitale. Tina et Adjara, les deux aînées, le rejoignent bientôt pour suivre leurs études, tandis que le reste de la famille reste à Bouaké. Ils vivront ainsi à trois pendant deux ans, ma mère restée au loin. J'aurais tellement voulu être présent pour la soutenir et la protéger !

En 1985, mon père loue une cour commune à Abobo, dans laquelle il décide de réunir à nouveau toute sa famille. Ma belle-mère a déjà donné une fille à mon père et est enceinte de son premier garçon. C'est dans cette maison que naîtra Kadi, la plus gentille de la famille, en 1987.

En 1990, lassé de louer, mon père choisit de s'installer avec les siens dans une maison encore en construction à Yopougon qu'il a achetée quelques années auparavant. Pour résumer, à la fin des années quatre-vingt, ils sont ainsi une trentaine à vivre tous ensemble chez mon père

Cour commune, chez maman

dans une maison en ruine, pardon : en travaux. Ce n'est pas un pavillon, ni une villa à l'occidentale. Le principe est beaucoup plus simple, presque trop. En fait, il s'agit d'une immense cour, dite « cour commune », autour de laquelle sont édifiées plusieurs pièces, le plus souvent dépourvues de fenêtres. Non seulement les pièces n'ont pas d'affectation précise, mais comme, en Côte d'Ivoire, les occasions de rester enfermé sont rares, tout ce petit monde passe sa vie dehors. On mange à l'extérieur, assis sur des bancs ; il y a un préau pour les jours de pluie. On dort dehors aussi, à l'intérieur il fait trop chaud. On entre uniquement pour se laver, faire à manger ou aller aux toilettes. Il n'y a pas de placards, pas de rangements, toutes les affaires sont entreposées dans des sacs. Il faut imaginer trente personnes vivant les unes sur les autres. C'est seulement à mon arrivée en France que j'ai réalisé qu'il existait des modes de vie plus confortables.

Pour mes parents, ce n'est pas une période facile à vivre, surtout pour ma mère qui ne cesse d'être harcelée par sa belle-famille. Les oncles et les tantes s'obstinent à la contredire en tout, sans égard pour son courage face à la maladie de mes sœurs Tina, Amy et Dousse, qui développent la forme la plus grave de drépanocytose. Leurs crises sont particulièrement violentes, si violentes qu'elles manqueront mourir à plusieurs reprises. Ma mère se doit d'être en permanence disponible pour ses filles et passe la plus grande partie de son temps à l'hôpital où elle les accompagne. Elle vit donc en marge du reste de la famille, ce qui a certainement contribué à sa mise à l'écart. Les tensions entre les deux femmes de mon père s'exacerbent. Sa seconde femme et ma tante accusent ma mère d'être une mauvaise mère et de ne pas avoir su donner un fils à mon père. On assiste à une vraie « guerre de clans ». Au milieu de ces débordements

En 1982, dans le grand séjour de la villa à Bouaké : mon père (à droite) avec (de gauche à droite) sa sœur, son père et sa mère

quotidiens, mon père tente tant bien que mal de calmer les esprits.

Un jour que ma mère se dispute violemment avec ma tante sur un sujet sans importance, mon père prend le parti de sa sœur et veut obliger sa femme à demander pardon à celle-ci. Comme souvent en Côte d'Ivoire, le lien du sang est plus fort que le lien matrimonial. Ma mère est à bout, elle refuse d'obéir à mon père, qui menace de la chasser. Nous sommes en 1990. Ma mère est enceinte, elle accouchera le 7 mai 1990 de son premier garçon : moi.

La ville où je suis né : Abidjan

Hormis Kadi, mon petit frère et ma mère, je suis le seul de la famille à être né à Abidjan. Je ne connais rien d'autre que cette ville mais je la connais bien. Si, en France, les gens se déplacent beaucoup en province, pour des vacances ou pour voir des proches, en Côte d'Ivoire, sauf cas exceptionnel (mariage ou décès), on voyage rarement à l'intérieur du pays. Il n'est pas dans les usages de se dire « tiens, je ne connais pas cette ville, si nous y allions pour nos prochaines vacances ? ». En Afrique, on reste là où l'on est, un point c'est tout. C'est probablement en partie pour cette raison qu'Abidjan n'est plus la capitale du pays. Elle a été remplacée par Yamoussoukro en 1985, une ville plus centrale. Mais Yamoussoukro est aussi la ville native de notre premier président, Félix Houphouët Boigny, et on y trouve une magnifique basilique, la réplique exacte de Saint-Pierre de Rome à l'échelle 1,1 ! Toujours est-il qu'Abidjan est la plus grande ville de la Côte d'Ivoire et même d'Afrique de l'Ouest.

Selon la légende, des colons français qui exploraient la région rencontrèrent un vieil homme auquel ils demandèrent quel était le nom de l'endroit où ils se trouvaient. Le vieil homme répondit : « je reviens de couper des feuilles dans la forêt ». Or, cette phrase se prononce « T'chan M'bi djan » en langue ébrié, le dialecte le plus courant du pays. Les Français, parce qu'ils n'étaient pas habitués à cette langue, comprirent « Abidjan ». C'est ainsi que fut baptisée cette ville, qui devint le chef-lieu de la colonie le 1er janvier 1934 avant de devenir la capitale de la toute nouvelle République de Côte d'Ivoire le 4 décembre 1958. Elle compte aujourd'hui environ 2,8 millions d'habitants pour un total de 16 millions d'Ivoiriens. Ce poids démographique permet de mieux comprendre l'importance de la ville aux yeux des Ivoiriens : elle est et restera longtemps leur capitale.

Abidjan n'est pas une ville comme les autres. C'est plutôt un agrégat de plusieurs communes, une dizaine,

Une partie de la ville d'Abidjan, située au Nord
(Janvier 1991)

organisées tout autour de la lagune sur une quarantaine de kilomètres. Aussi ne faut-il pas s'étonner de voir des champs ou des forêts ponctuer les différents quartiers. Cela lui donne l'air d'un bouquet de verdure et de maisons mêlées. On peut y voir une harmonie entre la nature et la main de l'homme.

D'un naturel plutôt timide, je n'aime pas trop l'inconnu, et, comme la plupart des Abidjanais, je me suis peu aventuré au-delà de mon quartier. Situé entre la forêt du Banco et la lagune, Yopougon est le quartier des « fanicos », les laveurs qui récupèrent et nettoient le linge des habitants des autres parties de la ville. Bien qu'extrêmement peuplé, c'est un quartier plutôt calme le jour. La nuit, on dit que certains coins sont à éviter. Je ne sais pas trop. Personnellement, je n'ai jamais eu de problèmes.

Il m'arrive d'aller sur la plage déserte qui longe la côte sur une dizaine de kilomètres, parfois à Treichville

Plage proche de la petite ville de Sassandras.
Partie ouest de la Côte d'Ivoire

ou au Plateau pour les questions administratives, jamais plus loin. Surnommé « le Manhattan des tropiques », Le Plateau est le quartier des affaires, occupé par les banques, les entreprises et les organismes gouvernementaux.

La vie ivoirienne est simple. Je crois même qu'on ne peut pas imaginer plus simple. Tout le monde vit dehors, dans des cours communes. On dort, on mange, on se repose dans les cours, parfois sur le bord des rues. Seuls le Plateau et Cocody sont bitumés. Quartier résidentiel situé au beau milieu des fleurs tropicales, Cocody est le fief des plus grosses fortunes d'Abidjan. On y trouve de luxueuses villas. Y réside également la majorité des étrangers. Partout ailleurs, les habitants doivent se contenter de rues en terre, souvent impraticables et boueuses à la saison des pluies. Toute la journée, les mamas vendent du poulet ou des plats qu'elles ont

Le quartier de Cocody, dit « 166 logements », après une grosse averse en 1990

cuisinés chez elles. D'autres vendent de la viande fumée, du poisson ou des légumes présentés sur des nattes, le tout dans un mélange de senteurs incroyables. Quand on habite un quartier populaire, on ne va pas faire les courses dans les grands magasins de Cocody ou du Plateau : c'est à la fois trop loin et trop cher. Heureusement, il y a les marchés. Ils sont partout. À chaque coin de rue, des particuliers ou des professionnels vendent tout et n'importe quoi pour se faire un peu d'argent. Les femmes font des gâteaux, des beignets. Les hommes vendent de la viande ou du poisson, parfois des vêtements qu'ils réalisent sur mesure, sur place ou sur commande. Il n'y a pas de boutiques. Moi je préfère ça. On ne se prend pas la tête à choisir des objets, puisqu'il il n'y en a pas assez. Ça évite les caprices. Les femmes sont presque toutes vêtues de pagnes, les hommes, en chemise, pantalon ou short, portent essentiellement des sandales. Avec la chaleur et l'humidité, c'est encore ce qu'il y a de mieux. Voilà pour les adultes. Les jeunes, eux, sont influencés par la culture occidentale, le basket, le foot et le hip hop. Beaucoup portent des joggings, des baskets et des t-shirts Chicago Bulls ou San Antonio Spurs. Certains arborent le maillot d'une de leurs équipes de foot préférées. Il n'est pas rare de voir des jeunes porter les couleurs de l'équipe nationale de la Côte d'Ivoire, de la France, des Pays-Bas, et surtout de l'Olympique de Marseille ou de Chelsea, les deux derniers clubs de Didier Drogba – l'un des meilleurs attaquants du monde, véritable star nationale ivoirienne. En ce qui me concerne, je ne m'intéresse pas trop à cette mode. Tant que les vêtements me plaisent et qu'ils ne sont pas trop chers, tout va bien. Je n'ai pas envie que mes parents se saignent pour un jogging ou des baskets.

Le foot tient une place à part dans les quartiers

populaires. On y joue dans les terrains vagues, nombreux, ou au coin de la rue. Avec de vraies balles, des chiffons ou des ballons en mousse. On utilise tout ce qu'on trouve. Le championnat national est bien sûr particulièrement suivi. Les soirs de match, tous les stades du pays sont remplis. Le foot est le vrai sport national, plus que le basket ou que n'importe quelle autre discipline. À la télé, on observe les grands championnats étrangers, surtout européens. La jeunesse ivoirienne est fascinée par l'Europe. À Abidjan, tout le monde rêve d'y aller. Vivre en France, en Belgique ou en Angleterre constitue le symbole d'une certaine réussite sociale. Quand un joueur du pays part jouer dans un grand club européen, les télés retransmettent tous ses matchs, sûres que les Ivoiriens supporteront inconditionnellement son équipe quoi qu'il arrive.

À Abidjan, la marche reste un moyen de déplacement important ; on dit qu'on « gratte ». Il faut dire que les

Ma mère et des amies à l'occasion d'une cérémonie religieuse

moyens de transport tels que les bus sont en nombre insuffisant et souvent vétustes. Par contre, il existe un nombre incalculable de taxis : les taxis-compteurs, de couleur orange, qui, comme en France, peuvent vous emmener n'importe où, et les taxis de secteurs, dits « woro-woro », qui effectuent des trajets prédéterminés et dont la couleur dépend du quartier. Viennent ensuite les « gbakas », véritables minibus de 18 places, à tarif fixe et au parcours prédéterminé également, qui relient un quartier à l'autre. Enfin, une proportion non négligeable de la population possède son propre véhicule, souvent une voiture d'occasion arrivée de France pour une seconde vie et traditionnellement baptisée « France-au-revoir ». Tous ces moyens de locomotion valent à Abidjan d'être une ville très animée, même la nuit. Les nombreux restaurants ou « maquis », les cinémas, les boîtes de nuit,... y sont aussi pour beaucoup. Cependant, une grande partie de la ville reste dans la pénombre, les rues n'étant pas éclairées comme en France. Cela préserve le mystère de notre nuit africaine, nuit originelle peuplée d'esprits et de croyances de toutes sortes. Mais l'obscurité totale justifie néanmoins que bon nombre de villas et d'immeubles, surtout dans les quartiers riches, aient un gardien de nuit, véritable protecteur du sommeil et des biens. Dans les quartiers pauvres, on s'organise autrement. La solidarité et l'unanime hostilité envers les voleurs produisent leurs effets. Un voleur pris la main dans le sac est en général immédiatement et sévèrement puni par tous. De quoi le décourager de recommencer. Il faut dire que les habitations les plus pauvres sont en général ouvertes aux quatre vents, et que le peu de biens qu'elles contiennent (un réfrigérateur, une télé, un fait-tout à gaz, un poste de radio…) ont été acquis avec difficulté. Moi, je ne me suis jamais senti en danger à Yopougon.

Qu'elles soient riches ou pauvres, toutes les familles d'Abidjan ont des domestiques, « boys » ou « bonnes » ; ils font la cuisine, les courses, le ménage et, accessoirement, protègent les lieux ; certains dorment sur place, d'autres rentrent chez eux le soir. Généralement, lorsqu'on raconte aux Européens qu'on a des boys, ils sont gênés et trouvent ce système dégradant. Mais en fait, les boys sont des travailleurs comme les autres en Côte d'Ivoire et ils sont souvent contents de faire ce qu'ils font. Outre que la discrimination est totalement absente de l'esprit des Abidjanais, cette coutume fait partie intégrante de notre culture et de notre civilisation.

Je conçois qu'Abidjan puisse être perçue comme une ville curieuse. Il est vrai qu'on n'y fait rien comme à Paris. Mais tout le monde n'a pas la chance de pouvoir grandir dans un pays riche, à l'abri du besoin. Abidjan reste ma ville ; aujourd'hui, sa fantaisie me manque un peu…

Mon enfance à Abidjan

C'est donc dans une cour commune d'Abidjan que je vois le jour ce 7 mai, jour de la naissance du prophète. Mes parents, aussitôt réconciliés (au grand dam de ma belle mère et de ma tante qui auraient voulu voir ma mère partir), décident de m'appeler Mohamed. Mon père est heureux mais pas autant que si j'étais son premier garçon. Ma mère, elle, est aux anges. Même pour les femmes, le premier fils tient une place particulière. Sa naissance est chargée de symboles, beaucoup plus pour un musulman que pour un chrétien. Moi, je m'en moque. Si, plus tard, j'ai un garçon, tant mieux. Mais une fille me réjouira tout autant. Le fait que j'aie grandi entouré de mes sœurs n'est peut-être pas pour rien dans ma façon d'envisager les choses.

Je garde peu de souvenirs de mes premières années. À cette époque, l'ambiance dans la cour est plutôt bonne, et ce en dépit des nombreux séjours à l'hôpital de mes trois sœurs. Pour ma part, j'ai eu de la chance, je ne suis pas drépanocytaire.

Ma grande sœur Adjara a un petit ami. Il s'appelle

Richard, il est Français. Il est arrivé à Abidjan en 1989, en coopération, pour enseigner les mathématiques au lycée technique de Cocody, où ma sœur était élève. Elle le trouvait si beau qu'un jour, prenant son courage à deux mains, elle l'a abordé. Je crois que sa grâce et sa naïveté mêlées surent émouvoir le petit prof… Ils n'ont que sept ans d'écart. De toute façon, en Côte d'Ivoire, les maris ont toujours au moins dix ans de plus que leurs épouses. C'est l'usage qui veut ça et ça ne me semble pas choquant. Richard est rapidement accepté par mes parents, moins par mes tantes, qui reprochent à ma sœur d'avoir choisi un « Blanc pauvre » : quitte à être avec un Français, autant qu'il soit le plus riche possible. Mais comme elles sont les seules à pester, leur couple tient bon. Il sera un peu comme un deuxième père pour moi.

Moi dans l'appartement de Richard à Cocody à l'époque où j'avais peur de lui !

C'est à cette époque que se situe mon premier souvenir conscient – à moins que l'on me l'ait raconté. Je dois avoir dans les deux ans. Je marche et cours partout. Je suis plutôt turbulent mais silencieux. Un jour, Adjara pénètre dans la cour avec Richard. En l'apercevant, je me mets à crier de toutes mes forces et fonce me réfugier dans une pièce, tellement je suis effrayé. C'est la première fois que je vois un Blanc, imaginez le choc. Une fois à l'abri, j'entends des rires venant de l'extérieur. Je ressors, curieux. Tous les regards sont braqués sur moi. Soudain, j'aperçois à nouveau Richard et je recommence à tonner. J'agite les bras, je secoue la tête dans tous les sens avant de repartir me cacher dans une autre pièce. Dans mon esprit, Richard est un monstre venu nous manger. Quand je ressors, quelques minutes plus tard, il a disparu. Je commence à le chercher, sonde toutes les pièces. En me voyant aller et venir, les gens rient. Ayant surpris des voix venant de l'appartement de mon père, je m'approche et j'entre sans faire de bruit, puis je glisse un coup d'œil : il est là, tranquillement assis, en grande conversation avec mes parents. Il va les dévorer. Dès que nos regards se croisent, je hurle encore et pars me cacher. Ce « cirque » durera plusieurs semaines. Quand je repense à ces scènes, elles continuent de me faire rire.

Au bout d'un an, Adjara emménage chez Richard. En temps que coopérant, celui-ci habite dans un bel appartement climatisé de Cocody, au milieu des palmiers. Nous leur rendons visite assez régulièrement afin de goûter aux joies de ce joli quartier d'Abidjan et de nous changer les idées. J'aime bien Richard, je me suis déjà habitué à lui lorsqu'il repart en France en 1991. Sans Adjara, qui n'a malheureusement pas réussi à obtenir de visa. Si la séparation est difficile pour ma sœur, elle n'en montre rien car, outre la fantaisie et la légèreté de mon père, elle a hérité de la sagesse et de la force de ma mère. Je sais seulement qu'elle et Richard s'écrivent et se téléphonent assez souvent. Ils se marieront le 1er septembre 1994 à Abidjan. Pourquoi si tard ? J'ai entendu dire que Richard devait passer un concours pour devenir prof titulaire en France et qu'une fois celui-ci obtenu, il gagnerait un peu plus d'argent. C'est peut-être la raison de cette attente.

À Yopougon, les jours se suivent et se ressemblent. La cour commune dans laquelle nous vivons est inachevée, on y trouve des cailloux, des parpaings disséminés un peu partout. Quand il pleut, toutes les pièces menacent de prendre l'eau. Et, comme la surface habitable n'est pas grande, on est obligés de dormir à huit dans la même pièce, sauf quand il fait beau et que l'on

La cour commune inachevée

peut s'installer à la belle étoile. J'aime bien la promiscuité, mais quand même... À la même période, ma mère donne à mon père un deuxième fils, son huitième et dernier enfant, Bouba, surnommé Ben. Huit enfants pour l'une de ses femmes, huit pour l'autre, mon père fait bien les choses. Si Ben n'est pas drépanocytaire, la santé de Tina et Amy se dégrade, en revanche, de jour en jour. Ma mère passe tout son temps à l'hôpital au chevet de ses filles, dont les crises se font de plus en plus violentes. En Côte d'Ivoire, les soins consacrés aux gens pauvres sont très sommaires. Quand on veut se faire opérer, par exemple, l'hôpital dresse un devis de tout ce dont le chirurgien aura besoin, à charge pour le patient de l'acheter en pharmacie. Mon père n'a pas beaucoup d'argent, du moins au vu du nombre de personnes qu'il doit nourrir. C'est Amy, 16 ans, qui part la première, en janvier 1993. Tina, 21 ans, la suivra une année et deux jours plus tard. À l'époque, je ne me rends pas compte de ce qui se passe. Aujourd'hui, je regrette de ne pas les avoir connues plus longtemps. C'est la première fois que je vois ma mère et mon père pleurer. On m'a raconté depuis que ma sœur Amy, calme et patiente, a en quelque sorte été ma nounou durant trois ans, s'occupant de moi dès que sa santé le lui permettait. Quant à Tina, tant appréciée pour sa joie de vivre et sa bonne humeur (elle était, je crois, la préférée de mon père), elle s'éteignit l'âme en paix, après avoir, selon ses dernières volontés, demandé pardon personnellement à chacun des membres de la famille.

À l'occasion de son bref retour en 1994, notamment pour soutenir Adjara, particulièrement affectée, Richard commence à m'apprendre le français. Si tous les Ivoiriens le parlent un jour, ils ne l'apprennent pas forcément en première langue à l'école. Il y a soixante-six

*En 2000, mon père, mon petit frère et moi,
après la prière de la fête du Ramadan.
Pour les fêtes, on porte toujours les vêtements traditionnels*

dialectes en Côte d'Ivoire. Bien que ma mère soit née à Abidjan et mon père à Samatiguila, ils sont tous les deux Dioula, membres d'une ethnie musulmane originaire du nord du pays. Et comme ici rien n'est compliqué, le dialecte parlé par les Dioulas s'appelle le dioula. C'est la première langue que j'aie connue. En dioula, bonjour se dit « an ny sogoman », « nous et le matin ». Richard m'apprend donc les rudiments du français, mot après mot. Ça c'est « pied », ça c'est « main ». Résultat : à quatre ans, je le parle déjà un peu. Or, ici, parler français est indispensable si l'on veut être scolarisé.

Voyant que j'ai des facilités, mon père décide de m'inscrire à l'école Nanatano, la plus proche de chez moi. Au lieu d'entrer en maternelle pour apprendre la langue de Molière, le directeur de l'école me fait passer directement en CP1. Les autres élèves ont tous entre cinq et six ans. Je suis le plus jeune de la classe, j'ai quatre ans. J'apprends à lire, écrire, compter.

En 1996, dans le petit séjour de ma mère, avec mon père et ma sœur Kadi. Le Z sur le mur, c'est moi qui l'ai tracé quand je jouais à Zorro avec un pagne en guise de cape et un bâton pour épée

Cette année-là, Adjara et Richard se marient. En Côte d'Ivoire, car ma sœur n'a toujours pas réussi à obtenir son visa, même touristique. Pour des raisons que j'ignore, ils ne se marient pas religieusement mais uniquement à la mairie. Nous sommes en 1994. Richard repart peu de temps après, laissant à Adjara le soin de s'occuper de ma mère et de nous pour quelque temps encore. Au préalable, constatant que les crises avec ma belle-mère sont de plus en plus violentes, il décide d'aider ma mère à déménager. Mon père comprend que c'est nécessaire et ne s'y oppose pas. Les disputes incessantes entre ses deux femmes devaient finir par l'épuiser. Il ne doit pas être évident de vivre au milieu de deux femmes. Comme quoi, la polygamie n'a pas que du bon... C'est ainsi que nous déménageons une nouvelle fois, toujours dans le quartier de Yopougon. Le nouvel appartement, un peu plus petit que le précédent, est néanmoins plus confortable. Il y a deux chambres, une cuisine, un salon et une salle d'eau. Nous ne sommes que sept à y vivre : ma mère, Adjara, Dousse, Saly, Kadi, Ben et moi. Du coup, mon père doit s'organiser. Il passe cinq nuits chez ma mère et cinq chez ma belle-mère. Toutes deux ont complètement cessé de se voir. Je comprends que mon père ne soit pas toujours présent. Il a une autre famille. Mais l'idée de partager son père reste assez difficile à accepter malgré tout. Surtout lorsqu'on est petit, on aimerait avoir toujours ses deux parents avec soi. Adjara reste deux mois environ dans notre nouvelle maison puis, ayant enfin obtenu ses papiers, elle part rejoindre son mari dans le sud de la France où il enseigne. Dans l'intervalle, je me suis mis à étudier. Je travaille beaucoup. Mes notes, globalement bonnes, réjouissent mes parents. À la fin de l'année, mon père, ayant pris conscience de mes facilités et de mon envie d'apprendre, prend rendez-vous avec le directeur pour que je saute le CP2. Celui-ci accepte, à la seule condition de me voir premier de la classe à l'issue du premier trimestre. Mon père ayant trouvé l'arrangement juste, je me débrouille pour terminer premier et passe directement en CE1. Là, encore, j'arrive à suivre sans trop de difficultés, classé troisième d'un bout à l'autre de l'année. À la fin de l'année, mon instituteur, M. Moroko, qui doit s'en aller dans une autre école de Yopougon, demande que je le suive. Il m'explique que je serai mieux dans cette nouvelle école, parce qu'elle est d'un meilleur niveau. J'entre ainsi en CE2 pour terminer premier de la classe. C'est alors que mon instituteur me convoque. Il m'explique qu'il va demander au directeur de l'école de me faire passer directement en CM2, sans passer par le CM1. « Tu t'ennuierais, tu connais déjà le programme. » Inutile de préciser que mon père est de son avis. Au début, le directeur est hésitant. L'année de CM2 est une année cruciale, sanctionnée par le certificat d'études. Son obtention ne conditionne pas seulement le passage au collège. Plus la note générale est bonne, plus on a de chances d'aller dans le collège de son choix. En Côte d'Ivoire, en effet, on choisit son collège, ce n'est pas comme en France où le collège dépend du lieu d'habitation. L'élève émet des vœux ; selon ses résultats, ils sont ou non exaucés. Mon instituteur ayant fini par faire céder le directeur, j'entre en CM2, je termine l'année huitième, passe et obtiens mon diplôme. L'année suivante, j'entre au lycée Sépi, un lycée privé, donc cher, situé lui aussi à Yopougon. J'entre, comme dirait mon père, dans la cour des grands.

La vie d'un collégien d'Abidjan n'est guère différente de celle d'un collégien français. Seul l'uniforme nous distingue. Les collégiens abidjanais sont tous vêtus d'un pantalon et d'une chemise kaki.

Le collège impose de nouvelles disciplines. Parmi elles, la pire qui ait jamais existé : l'anglais. Comment ai-je réussi à obtenir un premier prix dans cette matière durant mon année de sixième ? Mystère. C'est bien simple, je n'ai jamais rien compris et doute de jamais rien comprendre à cette drôle de langue. Je la trouve peu attirante, bien moins harmonieuse que le français ; à tout prendre, je préfère l'allemand, ma seconde langue. Bien que j'aie appris le français dès mon plus jeune âge, je réalise très vite que je ne suis pas très fort en langues. Heureusement, cela ne m'empêche pas de progresser. Je travaille beaucoup et sors peu. Mes loisirs consistent à jouer au foot, parfois aux jeux vidéo, avec des copains. Malgré mon peu d'assiduité devant l'écran, je me classe deuxième au championnat du quartier. Mon temps libre

Mon lycée à Abidjan : le lycée Sépi de Yopougon

est presque exclusivement consacré à mes études. Les garçons de ma classe sont tous plus vieux que moi, ce qui n'est pas forcément un désavantage. Si je ne partage pas toujours leurs préoccupations, essentiellement tournées vers les filles, je suis curieux et j'apprends beaucoup d'eux. Souvent, les garçons de mon âge me paraissent immatures. Bien que réservé et timide, j'apprécie de temps en temps d'être entouré de monde. On ne peut pas toujours rester replié sur soi.

Avec toutes ces classes sautées et entre temps la cinquième, j'entre en troisième au même moment que Kadi, qui, un peu vexée au début, n'est cependant pas mécontente de pouvoir me demander de l'aide en math., ma matière préférée. J'entre au lycée en septembre 2001, à l'âge de onze ans. À la maison, beaucoup de choses ont changé. Dousse, après avoir obtenu un visa pour la France en 2000, y a rejoint Adjara et Richard dans le sud de la France où ils habitent. Si elle n'était pas partie, je pense que la maladie l'aurait emportée à son tour. Malgré son départ, la maison n'a jamais été aussi animée. Ma mère après avoir perdu sa sœur et son beau-frère à la fin des années 90, a recueilli leurs quatre enfants ; ils gardent toujours le sourire malgré le terrible malheur qui les a frappés.

Les cours au lycée ressemblent à ceux du collège, mêmes matières, même ambiance. En histoire, on parle essentiellement de l'Afrique et de l'Europe. Je suis toujours aussi mauvais en anglais. C'est à ce moment précis que germe dans l'esprit de mon père cette drôle d'idée : et si j'allais faire ma terminale à Paris ? D'autant que Richard vient d'y acheter un studio pour Adjara qui poursuit des études de stylisme dans la capitale.

Cette idée me plaît. Je vais avoir la chance de découvrir un pays que je ne connais pas. Pour le moment, cette perspective atténue un peu mes appréhensions. Ma soif de nouveauté l'emporte sur la crainte d'être séparé de ma famille.

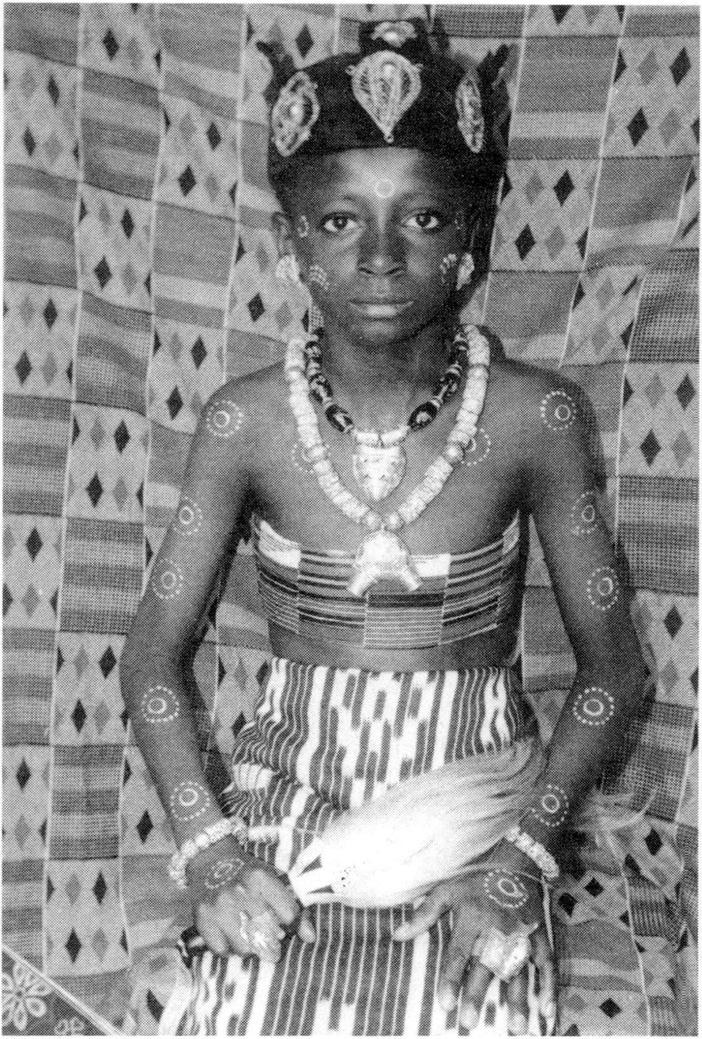

Une des jumelles que ma mère a recueillie
en tenue traditionnelle Baoulé, une autre ethnie du pays

Les difficultés pour trouver un lycée

Richard a commencé à me chercher un lycée en juin 2003, alors que j'étais sur le point de terminer ma première scientifique. Il s'est dit que ça allait être facile, qu'il n'y aurait pas de problèmes.

— T'inquiètes pas mon grand, me répétait-il au téléphone. Dans quelques semaines, tu seras en France.

Il avait attendu la fin de l'année scolaire. Avant, les lycées ignorent quels sont leurs besoins à cause du nombre de redoublants à prendre en compte. C'est la raison pour laquelle Richard n'a pas commencé ses recherches plus tôt. Ça n'aurait servi à rien. Soyons franc, il pensait avoir le temps. Chez moi, tout le monde pensait qu'il l'aurait. Mon père, ma mère et toute ma famille se préparaient déjà à mon départ. Ma valise était prête, et moi aussi. Tous les jours, je guettais le téléphone. Dès qu'il sonnait, je me précipitais dessus. J'étais impatient. Et quand j'entendais la voix d'Adjara ou de Richard à l'autre bout de la ligne, mon cœur s'arrêtait de battre. J'attendais ces quelques mots, ces malheureux mots : « C'est bon, Momo, tout est réglé, tu peux venir ». Je dus les attendre longtemps.

Pour que j'obtienne un visa, il fallait au préalable qu'un établissement français m'accepte. Richard pensait qu'il fallait s'adresser directement aux lycées, qui feraient le nécessaire. Compte tenu de mon âge, il se dirigea naïvement en premier lieu vers les plus prestigieux, ceux qui font la réputation de Paris. La désillusion fut à la hauteur de ses espoirs. Aucun n'accepta ma demande. Les proviseurs lui expliquèrent plus ou moins poliment qu'ils n'avaient plus de place et que, de toute façon, ils n'étaient pas habilités à inscrire un élève étranger sans passer par le rectorat. Certains affichèrent un petit air de mépris, comme celui du lycée Henri-IV, l'un des meilleurs de France, qui lui répondit, à propos des lycéens de mon âge : « Des comme ça, nous, on en a plein, vous savez. »

La fin du mois de juin approchait et aucun lycée public ne voulait ou ne pouvait me prendre. Mais Richard ne lâcha pas prise.

Il décida de se rendre au rectorat. Là, il rencontra un responsable qui lui dit que j'étais un cas exceptionnel. Et qu'il fallait, pour m'inscrire, tout un tas de papiers dont des assurances, une délégation parentale faisant de Richard mon tuteur légal, et puis… un visa. Richard eut beau lui expliquer que le consulat ne pouvait me délivrer de visa sans inscription, on lui rétorqua que c'était faux, qu'il fallait négocier avec les services consulaires. Et ensuite revenir les voir avec le précieux sésame. Le serpent continuait à se mordre désespérément la queue. On était fin juin. Les vacances approchaient.

À Abidjan, je ne me faisais plus trop d'illusions. Mes proches continuaient à essayer de me rassurer mais je sentais bien qu'ils n'y croyaient plus. Le plus dur, c'était quand je croisais un voisin ou une connaissance dans la rue. À chaque fois, on me demandait où en étaient les démarches. Et à chaque fois, je mentais. Je leur disais que c'était en bonne voie, que ce n'était plus qu'une question de temps. Ma valise était toujours prête. Je ne me voyais pas la défaire. Seul mon père semblait rester confiant. Je crois qu'il n'a jamais douté. Il rassurait ma mère, mes sœurs, et même Adjara et Richard. Un soir, je l'ai entendu dire au téléphone : « Ne vous inquiétez pas, je suis sûr que ça va être bon ; vous trouverez un lycée, je le sens ; je l'ai toujours bien senti, depuis le début. » Ce soir-là je ne l'ai pas interrompu. Je me suis contenté d'écouter. Ça m'a un peu remonté le moral.

À Paris, Richard et ma sœur ne ménageaient pas leurs efforts. Un mois s'était écoulé, les lycées ne voulaient toujours pas de moi. Le dossier, qui exigeait de nombreuses démarches, ne put être bouclé que fin juillet. Entre-temps, mon père avait fait de Richard mon tuteur légal. Mais, même à ce stade, le plus important manquait : le lycée d'accueil. Il n'y avait pas une minute à perdre. Sachant que le consulat met en moyenne deux mois pour accorder un visa, il fallait remettre tous les papiers avant le 29 août à midi au plus tard au consulat de France en Côte d'Ivoire. C'est à ce moment qu'Adjara eut l'idée de s'adresser aux établissements privés. En plein été, vacances obligent, ils sont tous fermés. Cette année-là, l'administration ouvrit ses portes le 25 août. Quatre jours plus tard, les inscriptions seraient closes.

Je commençais à me faire une raison. Je me disais qu'en quatre jours, ils n'auraient jamais le temps de trouver un lycée et d'envoyer le dossier au consulat de France en Côte d'Ivoire. Je passai tout ce temps à attendre. Sans rien faire, à rester chez moi. À jouer au foot avec mes amis, à me balader. Comme d'habitude. Le temps passait, j'oubliais. Le 25 août, je n'y pensais presque plus.

Ce jour-là, Richard devait se rendre au lycée Charles Péguy, dans le XIe arrondissement. Il avait rendez-vous avec une secrétaire. Elle l'écouta avec attention mais le lycée était déjà plein. Les autres représentants qu'ils virent dans la journée leur firent la même réponse. Le lendemain, Richard et Adjara partirent, chacun de son côté, avec une liste d'établissements. Mon beau-frère commença par Gerson, un lycée du XVIe qui a l'habitude de scolariser des enfants précoces. Les concierges ne voulurent pas le laisser entrer. Il dut leur forcer la main, expliquer qu'il était professeur de math. et qu'il était primordial qu'il voie le proviseur. Ils finirent par appeler quelqu'un. Le responsable de la vie scolaire reçut Richard. Très gentil, paraît-il. Mais il refusa de me prendre. Le motif ? J'étais trop précoce.

De son côté, Adjara eut encore moins de chance. Aucun concierge ne la laissa entrer. Tous prétextèrent qu'ils ne prenaient plus d'inscriptions. Je ne savais pas que les concierges étaient si influents dans les écoles françaises.

Richard se rendit ensuite à Stanislas, non loin de Montparnasse. Là, la secrétaire du proviseur lui expliqua que les élèves africains étaient surnotés dans leur pays d'origine et qu'une fois en France, ils étaient fatalement moins bons. Richard, qui avait enseigné là-bas, essaya de la convaincre du contraire. En vain.

Le midi, ils se retrouvèrent, histoire de faire le point. Ce n'était pas la joie. Il restait trois jours avant la clôture des inscriptions. Ce mardi 26 août était leur dernière chance. *Ma* dernière chance.

C'est Adjara qui trouva Massillon. Un lycée sur les bords de Seine dans le IVe. Pas bien loin de Bastille. Après s'être vue rabrouer de Saint-Pierre-Fourier à quelques centaines de mètres de là. Une personne à l'entrée la laissa passer. Elle fut reçue par la directrice, Madame Legrand, qui l'écouta et comprit l'enjeu. Par bonheur, ils n'étaient pas complets.

Richard venait de sortir des Francs-Bourgeois quand Adjara l'appela. Il décrocha son téléphone, lui apprit que les Francs-Bourgeois était complet comme la plupart des lycées, qu'il était pessimiste pour la suite et qu'il ne voyait pas bien comment ils allaient s'en sortir. Adjara l'interrompit. Elle tenait une inscription. Massillon avait accepté.

Une partie de ma famille dans la maison de ma mère

J'étais assis dehors. Il faisait chaud. Je regardais le ciel, associant des formes humaines aux nuages. Une mouche vint se coller sur mon genou, puis une autre. Des toutes petites, nerveuses. Je les chassais mais elles revenaient sans cesse. Je dus les écraser une par une. J'attendais que l'une d'elles se pose pour l'abattre avec la paume de ma main. J'échouai pas mal de fois. Soudain, j'entendis dans mon dos la voix de ma mère qui m'appelait. Je ne bougeai pas. Elle voulait sûrement que j'aille lui faire des courses, ou que je l'aide à faire le ménage. Elle me trouverait bien. Je n'étais pas loin. Je retournai à ma contemplation des nuages. C'était sans compter sur l'obstination de ces « bêtes » mouches, ni sur celle de ma mère. « Ah, te voilà... Adjara vient d'appeler... ils t'ont trouvé un lycée. » Je me levai aussitôt pour lui demander où. Elle me répondit qu'elle ne savait pas mais que ma sœur, au téléphone, voulait me parler. Je me précipitai dans la cour, puis dans la maison. Saisis le combiné. Adjara m'expliqua tout en détail. J'étais abasourdi. « Mais maintenant, il faut que vous receviez le dossier et que papa signe les papiers avant de les donner au consulat. » Je reposai le combiné. Ma mère me regarda fixement. « Tu devrais être content, pourquoi tu fais cette tête ? » Je lui expliquai le problème des délais et l'appréhension que j'avais à quitter mon pays et ma famille ; j'étais heureux de ma chance mais ce bonheur restait mêlé et l'inconnu me faisait un peu peur ; qui sait si je me plairais dans cette nouvelle vie ? Et puis, il me fallait quitter mes amis, ceux de l'école et ceux de la rue, changer de professeurs et me faire d'autres habitudes et d'autres repères. Tout cela m'excitait mais je demeurais inquiet devant tant de changement. « Rien n'est simple, Momo, dans la vie, rien n'est simple. » À vrai dire je m'en étais déjà rendu compte. Je ressortis et j'allai m'asseoir sur ma marche, avec mes mouches et mes nuages. Priant pour que tout se passe bien.

Mercredi 27 août. Fin d'après-midi. Pas question de poster le dossier (déjà épais de deux cents pages), il n'arriverait jamais à temps. La seule solution consistait à trouver à l'aéroport un passager qui accepterait de l'emporter avec lui. Richard et Adjara prirent donc la direction d'Orly. Tous ceux qu'ils abordèrent refusèrent, certains avec courtoisie, d'autres leur faisant comprendre, sans délicatesse, que ce n'était pas leur problème. Au bout de plusieurs heures, Richard et Adjara repartirent déçus. Il y avait deux vols par jour pour la Côte d'Ivoire, ils reviendraient le lendemain. Ils se dirent qu'ils finiraient bien par trouver quelqu'un. Rentrés chez eux vers 22 h 00, deux messages les attendaient sur le répondeur ; l'un d'eux était de mon père. Il

Dans l'attente de la réponse…

voulait les prévenir qu'un de ses cousins partait pour Abidjan le lendemain matin, pour rapatrier un corps. Adjara ne le connaissait pas. À vrai dire, moi non plus.

Jeudi matin, de retour à Orly, Richard et ma sœur demandèrent à une hôtesse de les prévenir lorsque le cousin en question se présenterait pour l'enregistrement. Ils lui donnèrent son nom, attendirent longtemps, auraient pu attendre plus longtemps encore, et pour cause : il était déjà passé. Ils demandèrent alors à l'hôtesse si elle pouvait prendre le dossier, mais celle-ci leur expliqua qu'elle n'en avait pas le droit et qu'elle risquait de se faire virer si ses supérieurs l'apprenaient. Ils n'insistèrent pas. Leur dernier espoir venait de s'éteindre. Devant leur détresse, l'hôtesse décida d'aller chercher notre cousin en salle d'embarquement. Quelques minutes plus tard, l'avion décollait avec le dossier. Mon père alla chercher les papiers à l'aéroport d'Abidjan, signa ce qu'il fallait signer et déposa le tout au consulat de France le vendredi matin. Deux heures seulement avant la clôture. Il y a des détails qui ne s'inventent pas.

Mon départ pour la France

Jeudi 15 octobre. Le jour vient de se coucher. Il est à peine 18 h 00. La nuit tombe vraiment trop tôt en Côte d'Ivoire. Ce soir, plus encore que d'habitude. J'aurais aimé le voir une dernière fois, mon soleil ivoirien, avant de le quitter peut-être pour très longtemps. La journée se termine ; dans six heures, je m'envole pour Paris. La maison est calme. Mon père n'est pas encore rentré. Ma mère, elle, doit discuter avec les voisines dans la cour à côté. Quant à moi, je commence à m'angoisser. Une sensation violente me tord le ventre, due à la peur de l'inconnu. Je ne tiens plus en place. Je passe d'une chaise à l'autre, du canapé du salon au banc dehors, incapable de rester immobile plus de cinq minutes. Je ne peux pas, je n'y arrive pas, impossible de m'expliquer pourquoi.

À quelques mètres, près de la porte, se trouve déjà ma valise. Ma mère n'y a glissé que peu d'affaires. Juste le minimum. Des t-shirts, un ou deux pantalons. J'achèterai des vêtements là-bas. Je sais qu'il fait froid à Paris, bien plus froid qu'ici. Je le sais car Adjara me l'a dit.

À plusieurs reprises, au téléphone, quand je lui demandais de me décrire la France et sa capitale. Je me lève du canapé, me dirige vers la porte et sors. Un souffle chaud vient à ma rencontre. Une bouffée de chaleur, comme si le soleil me prenait dans ses bras. Ma mère est bien en train de discuter avec les voisines. Elles rient. Je suis content de la voir sourire, elle qui était si triste ces temps-ci. Elle n'avait pas besoin de m'en parler, on sent forcément quand sa mère ne va pas bien. Ces derniers soirs, quand elle venait nous dire bonsoir, à moi et mes sœurs, et nous embrassait sur le front, il y avait des larmes dans ses yeux et de l'amertume dans sa voix.

Elles ne me voient pas. Heureusement. Je n'ai pas trop envie de parler en ce moment. Surtout pas aux voisines. Je n'ai pas la force de mettre des mots sur ce

Scène de rue. La petite bonne de la maison nous quitte car elle va se marier. Tina (debout à droite) et Amy (au premier plan accroupie à gauche en pagne rayé)

que je ressens. Comment leur dire que je ne suis pas fou de joie à l'idée du départ et que ce qui m'attend m'effraie et m'attire à la fois ? Et puis, elles ne comprendraient pas mes appréhensions, elles me taxeraient d'ingratitude envers mes parents et ce serait encore un coup à faire pleurer ma mère. J'ai seulement envie qu'on me laisse en paix. Je longe discrètement le mur à gauche de la porte et regarde le thermomètre : 34 degrés. Comme d'habitude. « Momo ? » Soudain une voix s'élève derrière moi, celle de ma mère. Mince, je me suis fait choper ! Je me retourne. Toutes les trois me regardent, chacune vêtue d'un boubou de couleur différente. « Momo, viens voir. » Ça y est, je ne vais pas y couper. Les voisines vont me bombarder de questions, et moi, bien sûr, je leur sourirai bêtement. Je me rapproche. Une fois près d'elle, ma mère déclare : « J'étais en train de leur dire que tu allais me manquer. » Les choses en restent là. On ne me pose aucune question. Je peux repartir librement. Sitôt hors de portée de leurs regards, des larmes commencent à couler le long de ma joue. Je ne veux pas me montrer devant maman en position de faiblesse. J'ai peur qu'en me voyant triste, elle le soit davantage. C'est pourquoi, depuis que je sais que je m'en vais, je m'efforce de ne rien laisser paraître. « Tu vas me manquer. » Ces mots viennent me frapper encore et encore. Et réchauffer mon cœur pourtant habitué au soleil. Elle ne sait pas à quel point elle aussi me manquera.

Retour dans la maison. Il fait frais, c'est agréable mais, en même temps que le trac, mon mal de ventre me reprend. Je n'ai jamais pris l'avion de ma vie. Et là, pour mon premier vol, je vais à Paris. Ça me paraît surréaliste, presque irréel. Sept heures de vol sans escale.

J'espère qu'il n'y aura pas trop de turbulences comme dans les films. Je n'ai pas tellement envie d'être secoué comme un prunier. La deuxième fois, pourquoi pas, mais pas la première. Je m'assieds sur le canapé, j'attends quelques secondes, avant d'essayer une chaise près de la table. Je suis nerveux, trop nerveux. Pour me calmer, je repense à la semaine qui vient de s'écouler. La dernière passée dans mon pays…

Vendredi 9 octobre. Il est 6 h 30 du matin. Mes sœurs et mes cousins sont déjà levés, mon petit frère se lave. Autour de moi, tout le monde papote et s'active. J'attends que Ben sorte pour me précipiter sous la douche. Je n'aime pas attendre. Là, je reste cinq minutes sans broncher avant d'envoyer l'eau. Ça me rafraîchit ; bien que nous soyons en octobre, la nuit a encore été chaude. En ressortant, je fonce m'habiller dans la chambre, la serviette autour de la taille, espérant que personne ne me voit. Je déteste m'habiller au même

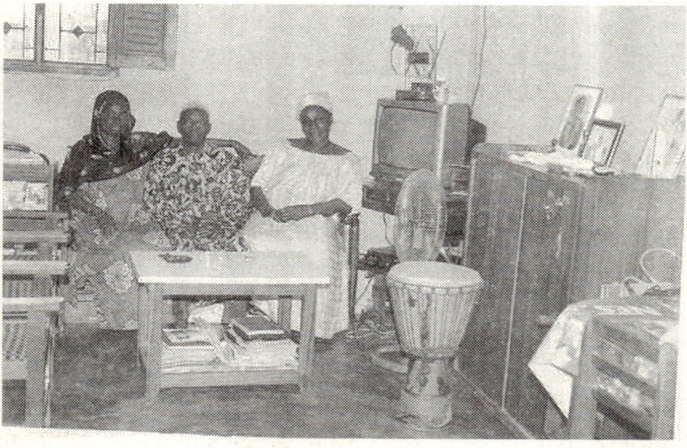

Tantie Meite et mes parents chez ma mère

moment que mes sœurs. Je suis pudique. J'enfile rapidement mon uniforme, je fais ma prière comme à mon habitude puis je sors. Les autres déjeunent, pendant que ma mère traîne dans la cuisine. Je m'assieds à côté de mon frère, en face de Kadi, elle aussi en uniforme.

— Je suis fatigué, lance-t-elle soudainement en regardant son bol.

— Moi aussi, répondent en cœur Saly et Ben.

— Moi aussi, dis-je doucement, moi aussi.

Fatigué surtout de ne pas avoir de nouvelles du consulat, de constater que nous sommes presque mi-octobre et que j'attends toujours un visa. C'est long. Ils avaient dit deux mois, ils sont encore dans les temps, mais que c'est long ! Et si je ne pouvais pas aller en France ? Fin octobre, il sera trop tard, j'aurai trop de choses à rattraper. Que peuvent-ils bien fabriquer ?

— Kadi ! Il est l'heure, crie ma mère depuis la cuisine.

— Oui maman, j'y vais, lui répond Kadi, visiblement peu motivée.

Kadi vient de reprendre les cours. En Côte d'Ivoire, la rentrée scolaire n'a pas lieu en septembre mais début octobre. C'est à cause du climat, avant il fait trop chaud pour travailler. C'est la première rentrée que je rate ici. Mes parents ont décidé de ne pas m'inscrire à l'école, ils ont fait le pari que j'allais partir. J'espère qu'ils ont eu raison.

Une demi-heure plus tard, je décide d'aller faire du vélo dans les rues de Yopougon, histoire de me changer les idées. Je passe à proximité des marchés. Il est tôt mais je sens déjà l'odeur du poulet qu'on fait rôtir et des alokos frits. Ça me donne faim et une envie soudaine de piment frais. Je descends de vélo et en achète, que je mange tranquillement sur un banc avant de repartir au son des bruits de mon quartier.

Lorsque j'arrive devant chez moi, je regarde les boîtes aux lettres ; celles des voisins sont pleines. Le facteur est déjà passé. J'ouvre rapidement la nôtre, pour m'apercevoir qu'il n'y a qu'une seule lettre. Probablement venant d'Adjara, je reconnais son écriture. Et puis il y a un timbre français ; non, c'est sûr, il n'y a rien pour moi. Il va falloir encore attendre le lendemain, pour espérer à nouveau. Je suis tellement déçu que j'en oublie la lettre de ma sœur dans la boîte. À la maison, le repas est prêt ; ma mère m'attend. Je prends mon assiette et commence à manger. Je n'arrive pas à mettre ma peur de côté. Je dois faire une drôle de tête puisque ma mère m'apostrophe.

— Ça ne va pas, Momo ? me demande t-elle en s'asseyant en face de moi.

— Si, si. Je suis juste un peu fatigué.

— Tu as vu s'il y avait du courrier ?

— Non, j'ai oublié.

— Tu ne veux pas y aller pour me rendre service ? Je n'ai pas arrêté, ce matin, je suis épuisée.

— D'accord, j'y vais.

Je me lève. Je n'ai pas du tout envie d'y retourner. Je traîne les pieds. Une fois dehors, j'ouvre la boîte, glisse la main à l'intérieur, absent. « Voilà », dis-je à ma mère lui tendant la lettre. « Merci beaucoup. Tu devrais te dépêcher de déjeuner, ça va refroidir. » C'est à ce moment-là que je l'aperçois. Toute blanche, posée contre mon assiette. D'un seul coup, mon cœur s'arrête. Je regarde ma mère. Elle sourit. « Ça va refroidir », répète-t-elle avec un brin de malice. Je me précipite sur la lettre. Déjà ouverte, car elle était adressée à mon père. Au-dessus de l'adresse, le cachet du consulat.

« Prépare-toi, Momo, la France t'attend. » Je m'assieds pour lire. Le visa est au consulat. Je n'arrive pas à y croire. Je n'arrive plus à respirer. Je ne ressens plus rien, à cause du choc de la nouvelle.

— Ce jour est un très grand jour, Momo, lance soudain mon père. Tu vas nous manquer, ajoute-t-il avec émotion.

Nous sommes nombreux à manger. Mes parents, certains de mes oncles et tantes, mes frères et sœurs, quelques cousins, des amis de la famille et des gens du quartier. Ma mère a pris soin de préparer un festin pour l'occasion, et nous mangeons tous dehors dans la grande cour commune.

— Oui, tu vas vraiment nous manquer, poursuivent mes sœurs.

— Pas à moi, blague ma mère en dépit des larmes que je vois couler le long de ses joues.

Je n'aime pas voir ma mère pleurer. Ça me fait tout drôle à chaque fois.

L'heure du départ pour l'aéroport approche. Il faut se dire au revoir. Je commence par les voisins, je passe ensuite aux cousins puis aux oncles et tantes. Et enfin à ma famille. Kadi est en larme.

— Tu vas me manquer, tu vas tellement me manquer, pleure-t-elle.

— Toi aussi Madoudou.

— Ça sera à celui ou celle qui aura la meilleure note à son bac.

— Tu sais très bien que je vais te battre, lui dis-je en plaisantant.

— Quoi ? Ce n'est pas un gamin de treize ans qui va m'impressionner.

Elle sourit et se jette en sanglots dans mes bras. Je la serre fort. Ben est triste lui aussi.

— Maintenant, c'est toi l'homme de la famille, lui dis-je.

— Ne t'inquiète pas, je prendrai soin des sœurs et de maman.

Nous nous embrassons. Il est 23 h 00, c'est l'heure du départ. Mon avion décolle à minuit et demie. Comme la voiture de mon père est au garage depuis six mois, c'est un voisin qui nous emmène à l'aéroport.

Dans la voiture, nous restons silencieux. Mon père est assis à l'avant, à côté du conducteur. Moi, je suis à l'arrière entre ma mère et Saly. Les quelques lumières blafardes des rares lampadaires éclairent leurs visages par intermittence. Par la fenêtre de la voiture, j'observe les lumières d'Abidjan. C'est à ce moment que je prends conscience que ma vie va changer. Que je suis en train de quitter ma famille, mon pays. Alors, j'ai envie d'exploser, de dire à mes parents que je les aime, qu'ils sont tout pour moi. Mais rien ne sort. Absolument rien. Je suis tétanisé.

La découverte de l'aéroport me sort de ma torpeur. Je n'y suis jamais allé auparavant, pas même pour raccompagner Adjara. Je n'ai encore jamais vu un avion de près. Mon père me guide. Malgré l'heure tardive, il y a beaucoup de monde. Des familles, des hommes, des femmes ; beaucoup sont en boubou. Nous nous arrêtons à un guichet devant lequel s'est déjà formée une petite file d'attente. Là, mon père m'explique qu'une fois qu'il aura présenté mon billet et mon passeport à l'hôtesse puis fait enregistrer mes bagages, nous devrons nous séparer. Ni lui ni ma mère n'ont le droit de m'accompagner jusque dans la salle d'embarquement. Mon estomac, déjà noué, se tord un peu plus à chaque pas. Tandis que nous attendons, mes parents me parlent. De la France, de Paris qu'ils connaissent bien. De mes études, de ce que je deviendrai. « Tu seras bien là-bas, on viendra te voir si c'est possible. Et puis il y a tes sœurs, et Richard. Tu ne seras pas seul. » Je crois qu'ils ont senti mon inquiétude et cherchent à me réconforter.

Notre tour arrive. Je dépose ma valise sur un tapis roulant, tandis que mon père remet mon passeport à l'hôtesse derrière le guichet. Souriante, celle-ci se met à taper quelque chose sur l'ordinateur, avant de me rendre mes papiers en me souhaitant un bon voyage. Le tapis dévore ma petite valise. Mon père m'écarte de la file pour laisser passer les gens derrière. Il est environ minuit lorsque je l'entends me dire : « Je crois bien que c'est l'heure, mon grand. » Je le crois moi aussi. Je les regarde tous. Mon père me serre dans ses bras, puis ma mère et Saly. Elles ont les larmes aux yeux toutes les deux. Je crois même en apercevoir dans ceux de mon père. Je retiens les miennes.

La salle d'embarquement est pleine à craquer mais il n'y a aucun jeune de mon âge. Je m'assieds sur la première chaise venue, serrant très fort mes papiers dans mes mains. Je ne sais plus si je veux pleurer ou rire. Si je dois être heureux ou triste. Je n'ai qu'une seule envie : partir. Partir le plus vite possible. La dernière image que j'emporte est celle de mon père me faisant au revoir de la main. Je n'imaginais pas à quel point ce serait dur de quitter sa famille. Heureusement que je dois en retrouver une autre demain. Soudain, une voix nasillarde annonce notre vol. Tout le monde se lève, presque en même temps, et se dirige vers une porte. J'imite les autres. Une nouvelle fois, on me demande mon billet et mon passeport. J'emprunte un long couloir avant d'arriver dans l'avion. À l'entrée une autre hôtesse m'accompagne jusqu'à mon siège, près du hublot. Je m'accoude puis regarde à travers la vitre. Une voix se fait entendre. C'est celle du commandant de bord. Il nous informe des conditions et de la durée du vol. Sept heures, c'est long. Dans l'allée, les hôtesses tentent de nous expliquer ce qu'il faut faire en cas de crash. Ce n'est pas rassurant. Enfin, le silence se fait. Tout le monde est assis. Le personnel de bord aussi. Mon voisin a les yeux fermés comme la plupart des gens. Il est tard, c'est vrai, mais moi je ne suis pas fatigué. Les moteurs rugissent. Fort, de plus en plus fort. Je regarde les réacteurs s'allumer par la fenêtre. L'avion tout entier se met à gronder. Soudain, le tonnerre éclate. Une formidable

Le jour de mon départ à l'aéroport d'Abidjan.
De gauche à droite : mon père, ma mère, ma sœur Sali et un ami de la famille

accélération me bloque contre mon siège. L'avion monte. Les réacteurs crachent à nouveau. L'appareil accélère derechef. Je ferme les yeux. La carlingue tremble. Je serre les accoudoirs de mon siège. Nous déchirons le ciel avec fracas. Peu de temps après, l'avion se stabilise. La voix d'une hôtesse nous annonce que le décollage s'est bien déroulé et que nous pouvons maintenant ôter notre ceinture. Des gens se lèvent pour aller aux toilettes. Je reste assis, je commence à ressentir les premiers effets de la fatigue. Il est presque une heure du matin. Jamais je ne m'endors aussi tard, d'habitude. À côté de moi, mon voisin ronfle. Je pose ma tête contre le siège, le fais un peu basculer en arrière puis ferme les yeux. Mais j'ai trop froid. Je suis en chemisette. Je n'ai pas pris de pull, je n'ai pas pensé que j'en aurais besoin. Je demande alors une couverture à une hôtesse qui me l'apporte aussitôt. Je la saisis vivement, m'enroule dedans et me blottis chaudement contre mon fauteuil. Et malgré le bruit et le stress, je parviens à m'endormir sans difficulté.

Je me réveille en sursaut vers 6 h 30. Je constate que presque tous les passagers sont déjà éveillés. Ils ne parlent pas. Ils bâillent, des cernes sous les yeux. Des gens se lèvent à nouveau. Puis la voix d'une hôtesse nous prie de rester assis et d'attacher notre ceinture. L'atterrissage. On nous distribue des chewing-gums. « Pour les oreilles », m'explique-t-on. L'avion entame sa descente. Du hublot, j'aperçois de petites lumières : des points indistincts, flous. Je suis déçu. Moi qui pensais voir la tour Eiffel ! L'appareil pique un peu plus. Je mâche vite, mes oreilles commencent à me lancer. Les lumières dehors se rapprochent. Toujours pas de monuments. Soudain, dans un torrent de lumière, la piste apparaît juste au-dessous de nous. L'avion se redresse, je ressens un choc violent. Nous venons d'atterrir. Les réacteurs se taisent. Le commandant de bord nous informe qu'il est 7 h 00 du matin ce vendredi 16 octobre, que nous venons de nous poser à Roissy et que la température est de deux degrés. Deux degrés ! Quel blagueur, ce commandant de bord. Il ne peut pas faire deux degrés. C'est trop froid pour un mois d'octobre. Mais personne ne semble rigoler dans l'avion. Pire, tous sont couverts d'un anorak ou de pulls en laine. Pour me calmer, je regarde une dernière fois par le hublot. La nuit couvre les formes, je ne distingue rien à part les lumières de l'aéroport et des autres avions. Lorsqu'on nous demande de sortir, une hôtesse m'explique qu'il faut que je suive le groupe pour récupérer ma valise. C'est ce que je fais. Nous empruntons un, puis deux, puis trois escaliers mécaniques avant d'arriver dans une grande salle avec, au milieu, un tapis roulant sur lequel tournent nos bagages. Je suis impressionné par la taille de l'aéroport, rien à voir avec celui d'Abidjan. Vingt à trente bonnes minutes s'écoulent avant que je n'aperçoive ma valise. Je la saisis facilement (elle n'est pas grosse) et me dirige vers la sortie où Adjara et Dousse doivent déjà m'attendre. Ça va me faire bizarre de les revoir toutes les deux. Je me sens un peu nerveux. Je ne les ai pas vues depuis des années.

C'est Adjara que je reconnais la première, malgré une nouvelle coiffure, une sorte d'afro avec plein de tresses partout. Dousse est à côté, elle n'a pas changé, toujours aussi jolie. Mais elles ne m'ont toujours pas vu. Je les observe qui regardent de droite et de gauche en se levant sur la pointe des pieds pour tenter de m'apercevoir derrière la multitude de visages endormis. Je me rapproche. Contempler des visages familiers me rassure, me réconforte. Maintenant, j'ai un peu moins peur ; la séparation avec ma famille ne sera peut-être pas aussi difficile que je le pensais. J'entends crier « Momo ». C'est Adjara. Elle vient de me voir. Elle me fait signe de la main, toute excitée. Puis c'est au tour de Dousse qui commence à bondir sur place tout en me faisant signe. Je leur souris. Elles se précipitent vers moi pour me serrer fort. Chacune d'un côté. Ça me réchauffe un peu car je suis frigorifié depuis que je suis sorti de l'avion. Un froid incroyable. Heureusement, elles ont prévu le coup. Elles ont apporté une doudoune, une doudoune de fille, bien entendu. Je l'enfile immédiatement, sans toutefois parvenir à me réchauffer. Je ne pourrai jamais tenir dans cette ville avec un tel climat. Ma frilosité semble les amuser. « Ce n'est pas l'Afrique, ici, Momo », plaisante Dousse. J'ai vu. Tandis que nous nous dirigeons vers la station de RER, elles me posent tout un tas de questions, sur mon voyage, sur la famille. Il est sept heures et demie. Je ne suis pas fatigué. Je suis trop excité pour l'être. Aussi curieux que cela puisse paraître, je n'ai plus qu'une seule envie : découvrir mon école et aller en classe le plus vite possible. Motivé comme je le suis, je ne sais pas si j'aurai la patience de tenir jusqu'à lundi, mon jour de rentrée. C'est alors qu'une idée me vient. Et si j'allais en classe tout de suite ? Les cours commencent à 9 h 00, j'ai le temps. Je demande à mes sœurs si c'est possible. Mais elles se moquent une nouvelle fois de moi. « Du calme, me fait Adjara. On a encore plein de courses à faire et plein de choses à préparer avant ta rentrée ». Dousse est morte de rire. Je fais profil bas. Elles n'ont peut-être pas tort.

RER B. Dans le train qui nous fait traverser la banlieue nord de Paris, il y a pas mal de monde, essentiellement des Noirs et des Arabes. On se croirait toujours en Afrique. Adjara m'explique que c'est bien normal, ce sont souvent eux qui se lèvent le plus tôt afin d'avoir les meilleures places pour le grand spectacle de la vie... Je ne cherche pas à comprendre mais quelque chose me dit que c'est ironique. Je me suis installé près d'une fenêtre pour regarder. Mais le paysage est désertique. Des champs, des routes, parfois des voitures. C'est tout. À chaque arrêt, des gens montent. Ils ont tous la mine fatiguée. Au bout d'une demi-heure, notre wagon est plein, les derniers arrivants sont contraints d'attendre debout, serrés les uns contre les autres. Certains ne peuvent même pas entrer tellement il y a de monde. D'autres réussissent cependant, mais c'est en poussant la masse qui gêne. Moi, ça m'amuse ; mes sœurs, pas trop. Elles doivent être habituées. Elles me font une remarque parce que, comme en Côte d'Ivoire, je dis bonjour à tous ceux qui viennent s'asseoir à côté de moi. Je vois bien que les autres ne le font pas mais je ne comprends pas ce qui peut gêner mes sœurs là-dedans. Serait-ce l'excès de politesse ? Les gens répondent pourtant volontiers à mon salut et n'en paraissent pas choqués. Peut-être ont-elles tout simplement peur du ridicule. J'espère bien que je n'en viendrai pas moi aussi à penser que nos coutumes sont honteuses et que l'indifférence vaut mieux qu'une politesse peut-être déplacée mais sincère. Il faudra que j'en parle avec Adjara et que je lui dise ma façon de voir les choses. Avant d'arriver à Paris, nous passons devant le Stade de France que j'ai pu voir à la télé. Malheureusement, il n'est pas éclairé. Ma première image de Paris : la gare du Nord et ses souterrains. Dans les couloirs pleins de

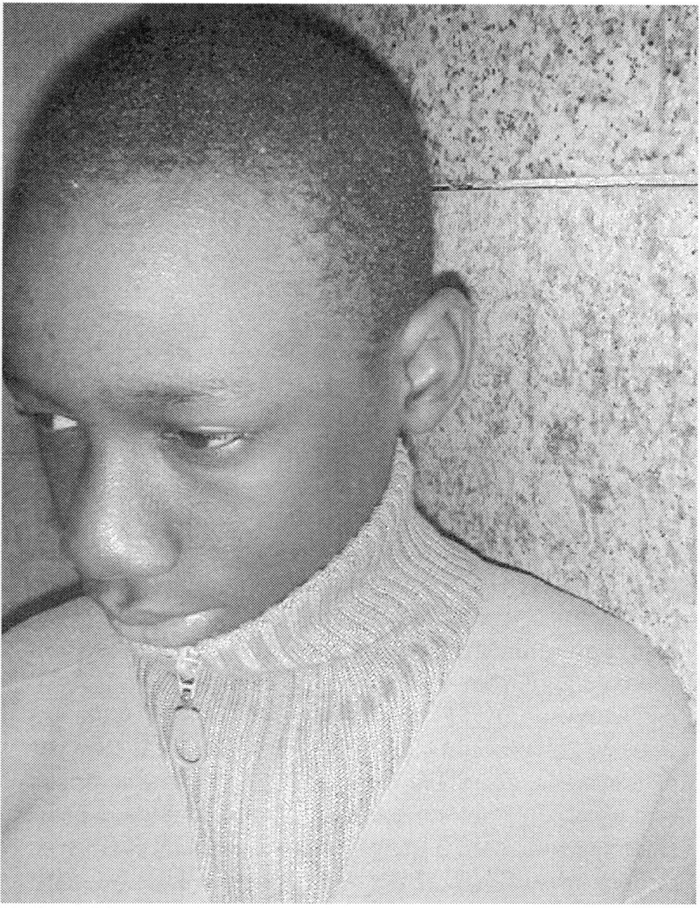

Le choc thermique est rude

ramifications, des centaines de personnes déambulent comme des robots, regardant droit devant eux sans se soucier des autres. Dousse m'explique qu'il s'agit d'une station et d'une gare centrale. On ne dirait pas. C'est lugubre et sale, des détritus jonchent déjà le sol alors qu'il est encore tôt et des odeurs d'urine m'assaillent à chaque fois que nous passons dans des coins exigus. Ça ne ressemble pas à l'image que l'on se fait d'une capitale. Nous prenons ensuite la ligne 2 du métro, en surface, donc dans le froid le plus total. Sur le quai, mes dents se mettent à claquer. Ça ne m'était jamais arrivé. Je n'arrive presque plus à bouger. Heureusement, le métro arrive immédiatement. Il est encore plus bondé que le RER. Mais le fait d'être serré me réchauffe un peu. J'essaye de regarder dehors pour voir la ville, mais je n'y arrive pas. Non seulement il y a trop de monde mais de toute façon, je suis trop petit. À chaque station, des gens sortent et d'autres rentrent, tout paraît totalement désordonné et pourtant le mouvement se fait sans trop de heurts et je ne vois personne qui reste bloqué dedans ou dehors. Il doit falloir de l'entraînement pour réussir un tel exercice. Je risque bien de rater quelques correspondances dans les premiers temps, cela me semble inévitable.

Nous sortons à la station Père Lachaise. Le nom est bizarre mais sonne de façon familière, comme si, honorant leurs pères, les Français me paraissaient tout à coup moins fermés que ce que j'en vois depuis mon arrivée. Adjara m'explique qu'il s'agit du plus grand cimetière parisien. Que plein de gens célèbres y sont enterrés. Et que « nous sommes à dix minutes à pied de l'appartement ». Hélas, dix minutes quand il fait froid, c'est long. Ma doudoune ne me protège pas assez. Et mon nez commence à couler. C'est à peine si je regarde les cafés qui ouvrent, les passants qui pressent le pas, les voitures qui klaxonnent. La route me semble interminable, d'autant plus qu'elle est en ligne droite d'un bout à l'autre. Les boutiques qui la longent paraissent toutes identiques, encombrées de vêtements sombres entassés dans la vitrine, sans recherche de mise en valeur. Moi qui croyais que Paris était la capitale de la mode ! Cette uniformité, la cadence folle des gens que nous croisons, tout cela me donne le tournis et ajoute à l'impression que le chemin n'en finira jamais. Je supplie mes sœurs de se dépêcher. Nous arrivons enfin devant l'immeuble, pénétrons dans le hall puis nous dirigeons vers l'ascenseur. C'est au sixième et dernier étage. Une fois là-haut, Adjara ouvre la porte. Je suis curieux de voir à quoi ressemble l'appartement d'Adjara. J'entre. C'est un petit studio avec deux grandes fenêtres donnant sur les toits. Il fait chaud. Adjara avait laissé le radiateur. Je suis sauvé. Je me précipite tout contre lui pour me décongeler. Une fois de plus, on se moque de moi. L'appartement n'est pas grand mais il est confortable. Il y a une petite kitchenette, une salle d'eau indépendante, un grand lit, une table entre les deux fenêtres, des placards, des livres, des disques et beaucoup de tissus. Mais je ne vois aucune télé. Je regarde bien partout. Non, il n'y en a pas. Je suis un peu déconcerté, moi qui la regardais souvent à Abidjan. « Comme ça, tu pourras te concentrer et bien travailler » pouffe Adjara qui est en train de nous préparer un petit-déjeuner. Dix minutes s'écoulent encore. J'ai moins froid, mais je préfère ne pas me déshabiller tout de suite. Je prends un bol de chocolat chaud. Mes sœurs aussi. Je leur parle de la famille, d'Abidjan, de l'Afrique, je leur raconte mon voyage en avion et leur fais part de mes premières impressions sur

Paris. Pour l'instant, ça reste un peu vague, je n'ai pas encore vu grand-chose si ce n'est de la grisaille et des gens pressés. Pourtant j'ai l'intuition que je vais aimer cette ville et sa grandeur. Je suis quand même un peu nostalgique mais je sais que j'ai de la chance d'être là. J'en suis pleinement conscient et je me le répète car je dois faire attention à ne pas me laisser gagner par les regrets ni chercher à comparer tout ce que je découvre avec ce que je connaissais avant. Et puis mes deux sœurs sont avec moi. Dans un deuxième temps, on déballe mes affaires. Adjara sort mes vêtements et de l'atiéké que j'ai ramené de Côte d'Ivoire ; c'est une sorte de semoule à base de manioc – mon plat préféré. « Et bien, il est urgent qu'on aille faire des courses de fringues », me dit-elle, constatant la pauvreté de ma garde-robe d'hiver. Il est environ 10 h 00. Avant de sortir, j'enfile des pulls de Richard sous ma doudoune. Je ressemble à un bibendum. Nouvelle salve de rires de la part de mes

Le studio où je vis avec Adjara

sœurs. Nous allons dans un grand magasin. Je suis impressionné par le gigantisme de cette boutique. À quoi peut bien servir le fait d'avoir un tel choix ? Je me doutais que ce ne seraient pas les magasins d'Abidjan mais là, la multiplication des articles me paraît tout de même un peu exagérée. Enfin, je comprends mieux maintenant cette réputation qu'a Paris. Nous achetons des pulls en laine, des chemises à manches longues, des gants, une écharpe et des pantalons chauds pour l'hiver. Ce qui est dommage, c'est que tout est sombre. En Afrique, on met des couleurs sur son dos alors qu'elles sont déjà dans le paysage ; ici, c'est l'inverse. Tout cela ne me semble pas très logique. Serions-nous condamnés à nous assortir à la couleur du ciel qui nous surplombe ? Sur le chemin du retour, mes sœurs me font découvrir les petites boutiques bon marché qui se trouvent à côté de la maison. C'est moins luxueux mais, à tout prendre, plus rigolo. Nous profitons de cette excursion pour faire des courses de nourriture pour le week-end. On marche toute la matinée puis tout l'après-midi. Elles me montrent le quartier. Je découvre Paris. Ses rues pleines de monde, ses maisons, ses immeubles, ses parcs, ses voitures et son bruit. Ici, les gens marchent vite. Bien plus vite qu'à Abidjan. Grâce aux vêtements, j'ai moins froid. Mais je ne suis pas à l'aise. Toute cette agitation a tendance à me taper sur la tête. J'espère que je vais m'y habituer rapidement. Nous rentrons en fin d'après-midi. Dousse va rester avec nous ce soir avant de retrouver son copain le lendemain. Nous dînons tôt. Nous avons tellement de choses à nous dire qu'on n'arrête pas de parler. On se remémore des souvenirs, mes sœurs me parlent de la France, moi de la famille. Nous nous couchons vers 21 h 00. Je suis fatigué. La journée a été chargée en découvertes et en émotions de toutes sortes. Et puis, je n'ai pas bien dormi la nuit dernière. Je me sens exténué. Ma sœur a sorti un matelas pour moi. Elle l'a installé sous l'une des deux fenêtres, le long du mur face à la porte. Je m'allonge. Je sens un relâchement de mes muscles. Je me sens bien. Je ferme les yeux puis m'endors rapidement. Je n'ai plus froid.

Je me réveille à dix heures le lendemain matin. Mes sœurs sont déjà levées. L'une est en train de lire, l'autre écoute la radio en sourdine. Je me lève. Je suis heureux de les trouver là. J'entame mon petit rituel du matin : je me douche, m'habille, fais une prière rapide puis les retrouve pour prendre mon petit-déjeuner. Elles me demandent comment je me sens. Je leur dis que j'ai bien dormi. Nous sortons nous promener et faire d'autres courses, cette fois dans le XVIIIe arrondissement, vers Barbès, un quartier populaire de la capitale que je découvre avec plaisir. L'ambiance chaleureuse qui y règne me rappelle un peu le quartier d'Abobo, où je suis né. Là aussi, il y a des gens en tous sens mais, contrairement au quartier d'Adjara, ils ont un rythme tranquille et calme. J'ai enfin l'impression de pouvoir me laisser aller, sans risquer à tout moment de me faire renverser par une voiture. Nous déjeunons dans une petite brasserie, avant d'aller faire un tour sur les Champs-Élysées. C'est étrange de la voir en vrai, cette avenue. Elle est immense. À la télé, elle paraît moins grande. C'est comme l'arc de Triomphe. Difficile de l'imaginer si haut. « Et encore, ce n'est rien par rapport à la Tour Eiffel », me confie Dousse. Ce quartier n'a pas grand-chose à voir avec le précédent. Je suis surpris de telles différences à si peu de distance ; à Abidjan aussi, les quartiers sont disparates mais on dirait qu'ici, tout est démesuré : les Champs, aussi bien que l'écart entre les Champs et Barbès. Dans les rues, la foule est omniprésente. Les voitures n'arrêtent pas de klaxonner ; les passants, de nous bousculer. Et le temps, de me réfrigérer. La nuit tombe et nous décidons de rentrer dîner tranquillement à la maison. Adjara prépare de l'atiéké avec du poisson. C'est une merveilleuse cuisinière qui, grâce à son savoir-faire, me ramène un peu en Côte d'Ivoire.

Encore une journée à attendre. Je ne tiens plus en place. J'ai envie de commencer les cours. Je suis réellement impatient. Nous sommes déjà à la mi-octobre et, si je veux avoir mon bac, il faut que je m'y mette rapidement. En plus, j'ai envie de rencontrer d'autres jeunes.

Je suis convaincu que ma vie en France ne commencera que le jour de la rentrée.

Dans ma doudoune devant le lycée Massillon

Comme Dousse est de nouveau restée dormir chez nous, le lendemain matin, nous la raccompagnons au métro. Il fait encore froid, mais un peu moins qu'hier ; peut-être me suis-je déjà habitué. Adjara veut maintenant m'emmener à Massillon. Pour me montrer le chemin, dit-elle, « pour que tu saches y aller tout seul ». Le lycée n'est pas bien loin, paraît-il, à peine une demi-heure à pied. Il faut descendre la rue du Chemin vert jusqu'au boulevard Beaumarchais, prendre jusqu'à la Bastille puis emprunter la rue Saint-Antoine et enfin la rue du Petit Musc. J'observe consciencieusement le trajet afin de le mémoriser. Arrivé sur place, c'est le choc. Je n'en crois pas mes yeux. Le bâtiment est splendide. Un véritable hôtel particulier. Quel changement ! C'est bien trop beau. Jamais je n'aurais cru qu'on pouvait enseigner dans un lieu pareil. Ça ne doit pas être évident de suivre ce que dit le prof quand on a tant de choses sous les yeux à admirer ! Juste en face de la Seine, en plus. C'est bête à dire mais je n'aurais pas pu rêver mieux. Bien sûr les portes sont fermées, on est dimanche. J'ai tellement hâte de reprendre ! Et encore plus à présent. Pour rentrer, nous empruntons le même chemin qu'à l'aller. Après une journée qui me semble n'en plus finir, nous dînons et nous couchons tôt. J'ai la tête pleine d'images de mon premier week-end à Paris. Ma vie française peut enfin commencer.

Ma première semaine de cours

Il est 6 h 30 lorsque le réveil se met à sonner. Une grosse sonnerie stridente. Je sursaute. Je ne me suis pas réveillé une seule fois de toute la nuit. Aucun rêve n'est venu troubler mon sommeil, un bon gros sommeil réparateur. Je m'assieds sur mon futon et regarde Adjara encore hésitante. Une fois sous la douche, j'attends debout sans bouger. Je n'ai même pas tourné le robinet. Je prends le temps de me réveiller, exactement comme je le faisais en Afrique, chaque matin avant de partir en classe. Je n'arrive pas encore à réaliser. Peut-être qu'une fois sur place, je le pourrai ; pour le moment, c'est impossible. J'active le jet d'eau. D'abord le chaud. Une épaisse fumée se forme dans la cabine. Puis le froid. J'aime cette sensation, le moment où l'eau touche ma peau encore endormie. Dix minutes plus tard, je sors, vêtu du peignoir de Richard. La pièce est éclairée, Adjara est levée et prépare le petit-déjeuner. Elle baille. Je m'habille. Surtout, je n'oublie pas de mettre un pull. Adjara pose nos deux bols et des céréales sur la table.

— Alors, stressé ? me demande-t-elle.

— Un petit peu.

En fait, je ne suis pas tellement angoissé, plutôt impatient. Depuis le temps que j'attends ce jour… Je prends mon sac à dos avec des feuilles blanches et ma trousse. Adjara s'habille. Au moins pour ce matin, elle veut m'accompagner. Même si je ne le lui avoue pas, je suis très content de sa présence.

Il fait encore nuit quand nous sortons vers 7 h 30, mais un peu moins froid que le week-end passé. Il y a beaucoup de monde sur les trottoirs et les voitures envahissent les rues. Je remarque que bon nombre de gens ont les traits tirés et ne semblent pas particulièrement joyeux de recommencer une nouvelle semaine. Pour moi, c'est une chance d'être ici mais je prends conscience que tous ne le voient pas de cet œil. Peut-être qu'ils ne se rendent pas compte qu'ils pourraient être depuis deux ou trois heures aux champs. Ou peut-être que c'est moi qui ne me rends pas compte que la France n'est pas qu'un paradis pour enfants doués mais également un pays où les gens doivent travailler, et pas forcément à ce qu'ils aiment, pour se nourrir. Comme je suis pressé d'arriver, je marche vite. Plus vite que ma sœur qui me demande sans arrêt de ralentir. Nous reprenons le même chemin que la veille. Je ne l'ai pas oublié, j'aurais pu le refaire tout seul. Nous parlons peu en chemin. Je regarde les lumières des boutiques et des cafés qui ouvrent. Tout cela donne une vie supplémentaire et plus pimpante à l'enchevêtrement humain de la rue. Une demi-heure plus tard, nous sommes devant Massillon. Nous avons rendez-vous avec le responsable des classes de terminale, M. Cazoles. C'est ce qu'Adjara explique au concierge. Il nous laisse entrer en nous indiquant le chemin. À l'intérieur, le plafond est haut, les couloirs sont larges. Je n'arrive pas à imaginer que c'est un lycée. C'est si luxueux. Il n'y a pas beaucoup d'élèves car les cours ne commencent qu'à 8 h 30. Nous montons un grand escalier. Le bureau de M. Cazoles est fermé. Ma sœur frappe à la porte. « Entrez », entend-on. Adjara ouvre, je la suis. Un homme d'une cinquantaine d'années nous reçoit. Pas très grand, l'air gentil. Pas une tête de Conseiller Principal d'Éducation. Il se lève de sa chaise, se présente, nous serre la main et nous prie de nous asseoir. Il me dit qu'il est heureux de m'accueillir. « J'espère que tu te plairas à Massillon et à Paris. » Puis il me demande quand je suis arrivé, me pose des questions sur mon voyage, sur la Côte d'Ivoire. On voit qu'il s'intéresse vraiment à moi, qu'il ne fait pas semblant. Il tente de me rassurer. Une fois les présentations effectuées, il cherche à savoir si je ne veux pas malgré tout aller en première. Je ne comprends pas. Je lui réponds

Le lycée Massillon

que non, que j'étais déjà en première l'année dernière, et que j'ai même terminé en tête de classement. « Tu sais, tu as beaucoup de retard, Mohamed, notamment en allemand, ta seconde langue, que tu n'as étudiée qu'en seconde. Par ailleurs, tu n'as pas passé ton bac français puisque tout se fait à la fin du lycée, chez vous. Si tu entres en terminale, tu devras le faire. » Ma sœur lui certifie que je suis capable de rattraper mon retard. Il me regarde, circonspect, je hoche la tête. « Très bien, je vais t'emmener dans ta classe. »

Nous longeons plusieurs couloirs, tous assez larges avec des plafonds hauts. Je me sens tout à coup très petit et bien fragile. Et si c'était une folie ? Si je m'apercevais, trop tard, que je ne suis pas fait pour vivre ici, que je n'ai pas le niveau, que je ne m'habituerai jamais au gris du ciel et aux gens qui ne se disent pas bonjour dans le métro ? Il est 9 h 00, les cours ont maintenant commencé depuis une bonne demi-heure. Quand j'arriverai, la classe sera comble. Je n'aime pas ça. Ça va être intimidant, tout le monde me regardera. M. Cazoles s'arrête soudain devant une porte. « C'est là », me dit-il. Mon estomac se noue un peu plus encore. Comme lors de mon départ pour Paris. Le CPE frappe et ouvre sans attendre la réponse. Nous pénétrons dans la classe et, comme je l'ai imaginé, tous les visages se tournent vers moi. Je n'ose pas les regarder. Le professeur se voit obligé d'interrompre son cours. « Je te présente M. Fourier, ton nouveau professeur de mathématiques », m'explique M. Cazoles. Les math., ma matière préférée. Puis il s'adresse à la classe, je reste debout à côté de lui, essayant de ne pas croiser d'autre regard que le sien. « Je vous présente Mohamed, il vient de Côte d'Ivoire… » Les regards redoublent d'intensité. Des murmures s'élèvent. Cinq minutes plus tard, M. Cazoles sort. Le prof me demande de m'asseoir à la seule place de libre. Au fond, à côté d'une fille. Le cours reprend.

— Je m'appelle Caroline, murmure ma voisine, une jolie petite brune aux yeux noisette.

— Moi, c'est Mohamed

— Je sais, Cazoles l'a dit.

Je sors mes affaires. Le prof me donne un polycopié. Tous les autres en ont un. C'est un cours sur les dérivations. Je connais déjà ce sujet pour l'avoir vu l'année dernière. Le prof interroge des élèves et je suis soulagé de constater que j'arrive à suivre. Une sonnerie retentit. Il est 10 h 30. L'heure de la récréation. Les garçons sortent en courant. Les filles restent avec moi. Présentations. Je leur explique d'où je viens, que j'ai treize ans et demi. Elles sont pleines d'attention, curieuses, me décrivent le lycée, l'ambiance et les garçons. Mais les avis sont partagés. Certaines m'assurent que je vais passer une agréable année ici, d'autres sont plus pessimistes et ont tendance à appuyer sur les points négatifs : les cours pénibles, les devoirs à n'en plus finir, les interrogations écrites le samedi matin, les bisbilles entre élèves... Je choisis d'écouter plutôt celles qui parlent de camaraderie et d'entraide, de sujets passionnants à étudier et de professeurs à l'écoute et efficaces. À la fin du temps libre, quelques gars viennent me voir avant de regagner leur place. Eux aussi veulent savoir qui je suis, ils doivent tous me prendre pour un Martien, surtout que je n'ai pas l'impression que ce lycée regorge d'Africains. Alors, accommodant, je répète ce que j'ai déjà dit aux filles. Je sens que ce n'est pas la dernière fois que je vais devoir me raconter. Il est 10 h 45, le cours de physique va commencer.

Madame Langlois rend des devoirs. Les notes ne sont pas terribles, ma voisine râle parce qu'elle estime que sa note n'est pas du tout proportionnelle au travail fourni. Ou alors inversement proportionnelle. Je lui prends sa copie quelques secondes pour voir. Je ne comprends rien du tout. Un chapitre que je n'ai jamais fait. La prof corrige les exercices en faisant participer la classe. C'est difficile. Surtout quand elle dessine le tableau d'avancement. Je suis complètement largué. Le calvaire dure une heure. À la fin, elle vient me voir pour me souhaiter la bienvenue. Durant l'intercours, les filles reviennent me parler. Quelques garçons aussi, le courant passe. Et inlassablement, je dois répéter les mêmes phrases. Ça ne me dérange pas. Ils ont tous l'air accueillants. Malgré la surprise que je dois constituer pour eux, ils semblent prêts à m'accepter sans problèmes dans leurs cercles. Suit un cours de bio, pas particulièrement difficile. J'arrive à suivre. 12 h 30, fin des cours de la matinée, l'heure de la cantine.

On me pose encore beaucoup de questions, sur mon âge, mon pays, comment je vis ici, si j'ai des amis, si je connais du monde, si j'ai de la famille, pourquoi je suis venu en France, si on mange des œufs mayo à Abidjan. Quand on ne me pose pas de questions, on me parle de la France, de Paris, de Massillon. La plupart des élèves ont toujours vécu à Paris et sont très attachés à leur ville. Ça me paraît de bon augure. On me parle aussi de la cantine, qu'il vaut mieux éviter. Ce que j'ai l'occasion de constater quelques minutes plus tard. Dans mon assiette, une bouillie qui ressemble à de la purée, généreusement accompagnée d'un steak haché dur comme du bois. Mais comme j'ai faim, ça ne me dérange pas. Après le déjeuner, nous attendons la fin de la pause dehors. Les cours reprennent à 13 h 30, avec les Travaux Pratiques. « Tu verras c'est plutôt marrant et pas bien compliqué », m'explique Caroline. Le but étant de faire, en duo, des manipulations et des expériences en chimie, physique et bio. Il y a d'ailleurs une salle spéciale pour ces cours. Avec beaucoup de matériel. On commence par 1 h 30 de physique avec Mme Langlois. Je m'assieds à côté de Caroline. C'est assez rigolo d'expérimenter ce que l'on a appris en cours, mais moi je préfère la théorie. Je ne peux pas l'expliquer. Après la physique, on enchaîne avec les TP de bio. 1 h 30 également. Arrive la fin de la journée. Nous sortons cinq minutes plus tôt, nous avons fini nos manipulations en avance. Je dis au revoir à Caroline, ma première voisine, et aux autres avant de retourner chez moi, seul, puisque maintenant je connais le chemin.

Il fait bon dehors. Pas aussi bon qu'en Afrique mais ça va. Je me suis presque habitué. Je ne marche pas vite. Cette fois, je prends le temps de regarder ce qui se passe autour de moi. Je flâne. J'observe les boutiques, les cafés. J'aime bien les cafés et l'ambiance qui s'en dégage. Au début je n'osais pourtant pas y entrer, j'avais peur qu'on s'aperçoive tout de suite que je ne suis pas d'ici. Je marche doucement, observant le ciel, les nuages. Même si ma famille, mes amis et mon pays me manquent, je suis heureux d'être ici. Je commence vraiment à réaliser que j'ai une chance incroyable. Je ne me perds pas. Il est un peu plus de 17 h 00 lorsque j'arrive chez nous. Je mets la clé dans la serrure, j'ouvre et appelle Adjara. J'ai tellement de choses à lui raconter. Personne ne répond. Je fais vite le tour du studio, c'est rapide, il est petit : toujours personne. Soudain, ça me revient. Elle m'a dit ce matin qu'elle viendrait me chercher à la sortie. Et comme je suis parti plus tôt, j'ai dû la rater. Aucune importance ; de toute façon, elle ne devrait plus tarder. Elle se sera bien doutée. Je branche la radio. Sur l'écran digital on peut lire 93.5, la fréquence préférée de ma sœur. Des gens parlent de politique. Ça me saoule, je ne connais pas les personnes dont on parle, j'éteins. J'en profite pour regarder les disques qu'il y a dans la discothèque. Du classique, un peu de jazz, beaucoup de chanson française. Des dizaines de CD de Brassens, Piaf, Brel et Ferré. Je les connais tous de nom mais je ne les ai jamais écoutés. Je mets Brassens, *La mauvaise réputation*. Je m'assieds. J'écoute les paroles et la mise en garde me paraît appropriée à mon cas. Est-ce que je ne risque pas, moi aussi, avec mes coutumes et mes repères ivoiriens, de me mettre à dos les « braves gens » dont parle le chanteur ? Bientôt, un bruit de clef se fait entendre dans la serrure.

La porte s'ouvre et Adjara apparaît. « Et alors, où tu étais passé ? » me demande-t-elle en souriant. Je lui explique que je suis sorti plus tôt. « Je le sais, tes camarades me l'ont dit, c'est pourquoi je ne suis pas restée longtemps à t'attendre. Bon alors, ta journée, ça s'est passé comment ? », reprend-elle après avoir déposé son manteau sur une chaise. Je lui raconte l'accueil chaleureux de mes nouveaux camarades, j'essaie de ne rien oublier. Elle me bombarde de questions, sur mes profs, les élèves, les cours, les locaux. Brassens chante toujours.

N'ayant ni cours ni bouquins, je ne travaille pas, ce soir-là. J'en profite pour appeler mes parents à Abidjan et leur faire part de mes premières impressions et de ma satisfaction à l'issue de cette première journée de lycée. Pendant ce temps-là, Adjara fait ses propres devoirs. Elle coupe, découpe du tissu, plie des étoffes, et en étale partout dans le studio. Je l'observe avec attention. Je pense qu'elle a eu raison de se lancer dans ce domaine, on sent qu'elle aime ce qu'elle fait. La rapidité avec laquelle elle taille, assemble, coud, est assez incroyable. Je pense à l'année qui m'attend. J'espère que je me montrerai aussi doué qu'elle dans mon créneau et que mes logarithmes se conduiront avec autant de discipline que ses coupons. Nous passons le reste de la soirée à parler et à écouter la radio. À 22 h 30, nous sommes couchés. Sur mon futon, je me remémore ma journée, me dis que je suis bien tombé, que le lycée Massillon sait recevoir. Je suis excité à l'idée de retrouver ma classe demain. J'ai hâte de faire mes preuves et de montrer à tous qu'on peut réussir, même très jeune.

Le réveil sonne à 6 h 30. Adjara se prépare pour son jogging quotidien. Je me lève aussitôt et me précipite sous la douche. Dans la cabine, je reste debout cinq minutes. Les yeux ouverts, je fais le vide. Je reprends mes habitudes. Puis le jet. Quand je ressors, la pièce est plongée dans l'obscurité, Adjara est déjà partie. Avant de m'habiller, je m'agenouille devant la fenêtre droite et récite une prière en arabe. C'est un rituel que j'observe depuis que mon père me l'a enseigné. Mes parents sont croyants et pratiquants et la prière fait partie intégrante de notre quotidien. De mon quotidien, maintenant. Je décide ensuite de me préparer un bol de chocolat chaud avec des céréales. Je me sens en pleine forme. Je sors de l'appart en fermant la porte à clef. Dehors, les vitres des voitures sont chargées de buée. Les passants se dépêchent. Je prends la direction du lycée. Je marche vite, j'ai froid malgré mon anorak et mon pull à col roulé. J'arrive à Massillon à 7 h 50. Des élèves attendent devant la porte d'entrée. Certains fument. Comme je ne reconnais personne de ma classe, j'entre et je m'assieds à une table libre. Quelques secondes plus tard, un garçon vient s'asseoir à côté de moi. Il s'appelle Mathias et il est d'origine haïtienne. Sauf que lui est né ici, à Paris. Les cours commencent dix minutes plus tard : math. On enchaîne avec l'histoire-géographie. La prof, Madame Volton, vient me dire bonjour à la fin de son cours. À la récré, je reste avec Mathias. Il m'explique les règles du lycée, me pose des questions sur l'Afrique et me parle un peu de ses origines à lui. Vu les bouleversements politiques qu'ils ont connu là-bas et comme il n'a presque plus de famille à Haïti, il n'y est allé qu'une fois quand il était petit. Il dit que ça ne lui manque pas, mais je me demande si ce n'est pas pour s'en convaincre lui-même, puisque de toute façon il n'est pour l'instant pas question qu'il y retourne. Moi, je ne pourrais pas m'imaginer ne pas retourner en Côte d'Ivoire, et je crois que ce n'est pas seulement parce que j'y suis né. C'est important de connaître le pays de nos parents. Après l'histoire vient la biologie, puis la classe se scinde en deux pour les cours de deuxième langue. Tandis que la moitié reste pour l'espagnol, l'autre doit changer de salle pour l'allemand. Mathias et moi faisons partie du second groupe. Je n'ai plus fait d'allemand depuis la seconde. En Côte d'Ivoire, la première scientifique ne comporte qu'une langue. Alors, durant la première moitié du cours, j'essaie de me faire oublier. J'écoute les autres parler, uniquement occupé à tenter de les comprendre. En vain. Alors je ruse. Pour faire semblant de m'intéresser, seule solution si je veux éviter que la prof ne repère mon désarroi et ne m'interroge, je la regarde attentivement, comme si je buvais chacun de ses mots, et hoche la tête à plusieurs reprises en signe d'approbation. Deux ou trois fois, je manque me faire prendre et je m'aperçois à temps qu'il ne faut pas du tout faire mine d'approuver ce qui se dit. Mathias me souffle à l'oreille que la prof est en train d'imiter un vieux grincheux désagréable, personnage de l'histoire qu'on étudie en ce moment. Je prends alors un air de dégoût, sans trop appuyer non plus, sinon ça risque d'attirer l'attention et de produire l'effet inverse de celui recherché. Je passe une heure assez calme, encore que mes grimaces me demandent pas mal d'efforts. Globalement, ma stratégie fonctionne. Le cours se termine finalement à 12 h 30. Nous disposons d'une demi-heure pour déjeuner, ce qui fait pester bon nombre de mes camarades. Moi au contraire, je trouve ça bien. Une heure pour manger, c'est trop. Tout ce que je désire, c'est reprendre le travail là où je l'ai arrêté. Le reste ne compte pas.

Malheureusement, l'après-midi commence mal. Car il y a une matière pire que l'allemand, bien pire : l'anglais. Je suis encore plus mauvais en anglais qu'en allemand. Je décide de retenter la méthode qui m'a réussi une première fois. Je regarde Mrs Beaddle, je fronce les sourcils et j'acquiesce chaque fois qu'elle prend la parole ou que quelqu'un donne la solution. Soudain, elle pose une question. Je fronce un peu plus les sourcils, regarde sur le côté pour montrer que je cherche, espérant qu'elle ne m'interrogera pas. « Mohamed please ». Loupé. Je regarde la prof qui me sourit. Je lui réponds : « yes ? ». Elle me dit quelque chose, en anglais bien sûr, que je ne comprends pas. Je dois faire une drôle de tête car certains se sont mis à rire. Pas moi. Je suis gêné. La prof recommence, me repose exactement la même question. Je ne saisis toujours pas, à part un mot inconnu, « introduce ». Nouveaux rires et nouvelle tentative de la prof qui semble perdre sa patience en même temps que son sourire. « Elle te demande de te présenter », me glisse Mathias. « My name is Mohamed Diaby and I come from Ivory Coast. » Hurlement général dans la classe. Même Mathias sourit. « My god », soupire la prof. « T'as un accent de ouf, mec », lance quelqu'un dans la classe. Mais la prof ne me lâche pas pour autant.

— Which city in Ivory Coast ?

— I come from Ivory Coast.

C'est maintenant l'hystérie dans la salle. Certains pleurent de rire. « Shut up !, hurle Mrs Beaddle. Shut up ! » Je ne sais plus où me mettre. Heureusement, mon calvaire est de courte durée. Me voyant dans l'embarras, elle finit par me laisser tranquille. Et part s'acharner sur un autre élève pas encore remis de son hilarité. À l'inter-cours, deux garçons viennent me voir, le sourire aux lèvres.

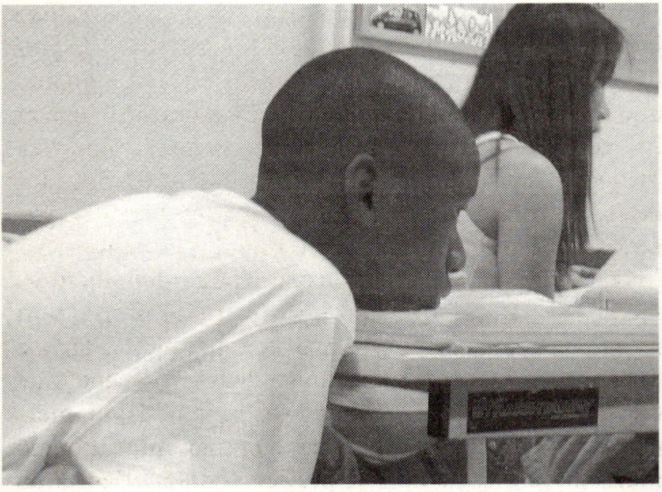

En cours d'anglais

— T'as un accent pas possible, mec, me fait l'un d'eux.

Mathias l'entend, se lève et commence à l'engueuler.

— Mais attends, c'est normal qu'il ait un accent, non ? Et puis, ce n'est pas très sympa de te moquer de lui comme ça alors qu'il vient d'arriver.

L'autre, penaud, s'excuse :

— Ce n'est pas ce que je voulais dire, Mathias, moi je trouve ça mortel, c'est pour ça.

— Ouais, c'est vraiment mortel, répète son pote à côté.

— Man, je ne voudrais pas que tu te vénères à cause de ça. À propos, je m'appelle Afchine, et lui, c'est Pierre. Toi, c'est Mohamed, c'est ça ?

La prof de physique nous interrompt. Elle vient d'entrer dans la classe. « Tout le monde assis ! » Afchine et Pierre retournent à leur place.

Encore le tableau d'avancement. J'ai beau me creuser la tête, je n'y comprends rien. À la fin de l'heure, la prof m'apporte tout un tas de polycopiés : ce sont les cours que j'ai ratés au début de l'année. Plus tard, Afchine et Pierre reviennent me voir. Pour discuter, faire des blagues. Ils m'ont l'air d'être de joyeux lurons tous les deux. Ça fuse dans tous les sens. Il vaut mieux ne pas être susceptible car chacun en prend pour son grade. Mais ça reste bon enfant, et je pense que leur humour va me plaire. Je les trouve plutôt sympas. Puis vient l'histoire, ou plutôt l'Histoire avec un grand H. Thème du jour : la Seconde Guerre mondiale. Un sujet que je ne maîtrise pas du tout, et pour cause : je ne l'ai jamais étudié ; à Abidjan, ce n'était pas au programme. Pour le moment, je n'écris rien, je préfère écouter. J'aurai un livre de cours dans peu de temps, j'apprendrai avec. Je ne veux pas changer ma méthode de travail, si tant est que c'en soit une. Une heure plus tard, le calvaire reprend. Cours d'allemand. Cette fois, je suis repéré ; la prof m'interroge par deux fois. Mes interventions sont chaudement saluées par le rire de la classe, ce qui n'est pas du goût de Mathias qui leur fait la morale devant la prof. « Non, ce n'est pas sympa, il est jeune, vous allez l'intimider. » Nous sortons à 17 h 00. En descendant les escaliers, j'explique à Mathias que les moqueries ne me gênent pas, que je trouve ça drôle et qu'à leur place, j'en ferais autant.

Afchine et Pierre nous rejoignent dans la rue.

— T'habites où, Momo ? demande Afchine.

— Dans le XIe.

— Oui, mais où ? C'est grand, le XIe.

— Rue du Chemin Vert.

— C'est pas loin de chez nous, ça.

Nous faisons un bout de chemin ensemble. Ils me montrent un raccourci. Au lieu de remonter la rue du Chemin Vert en entier, je peux couper par la rue de la Roquette et la place Léon Blum.

— Ça te fera gagner du temps le matin, m'explique Afchine.

Nous nous séparons devant chez moi. Ma sœur n'est pas encore arrivée. Je décide de sortir mes affaires de mon sac. Je prends les polys de physique et commence à les lire. C'est compliqué et pas très intéressant. Pour m'en sortir dans cette matière, j'ai vite compris qu'il fallait que j'apprenne ce maudit tableau d'avancement. Tout passe par là. Heureusement, la prof me l'a également remis. Je peux donc m'y atteler tout de suite. En ce qui concerne l'histoire, j'attendrai les devoirs sur table. Pareil pour l'anglais et l'allemand. Les math., ça va, je ne suis pas coulé, j'attendrai d'avoir des bouquins. Pour l'heure, le tableau. Je me mets à apprendre par cœur, « bêtement », tous les éléments et leurs symboles, le nombre d'ions qu'ils possèdent, etc. Une heure s'écoule ainsi. J'arrive maintenant à le réciter parfaitement, je le maîtrise sur le bout des doigts. Par chance, j'ai toujours eu une bonne mémoire. Pour la peine, je m'accorde une pause. Mais que faire ? Il n'y a pas de télé. Ce sera donc la chaîne stéréo qui la remplacera. Je mets un disque. Brassens. Quel morceau ? Je n'en connais aucun. Allez, va pour *Les trompettes de la renommée*, le nom me plaît. Je pose le disque, j'appuie sur la touche play et éteins la lumière avant d'aller m'asseoir dans l'unique fauteuil. Je trouve que cet artiste traite avec beaucoup d'humour des thèmes somme toute assez graves. Et puis, c'est une bonne façon de me mettre au parfum des travers de cette société que je découvre ; même si ses chansons datent un peu, je pense qu'il y a encore beaucoup de vérité et d'actualité en elles. Ma sœur entre quelques minutes plus tard. « Momo ? », fait-elle visiblement intriguée par le spectacle. Elle allume aussitôt la lumière et me voit assis tranquillement dans mon coin.

— Tu médites, ou quoi ?

— Non, je ne fais rien d'autre que me détendre.

— Tu as fait tes devoirs ?

— Oui, je les ai faits. Je n'en avais pas beaucoup, d'ailleurs. C'est le début, tu sais, je n'ai pas trop de travail.

Elle s'assied à son tour, me parle de ses cours, de sa journée, me pose des questions sur la mienne. Je lui annonce que je me suis fait des potes, qu'ils ont même fait un bout de chemin avec moi. « Déjà ? », me répond-elle, ravie. Un peu plus tard, je me remets à mon tableau, le récite dans ma tête. Aucune erreur. Je demande à

Adjara de vérifier. « C'est parfait Momo, tu as tout bon. » J'arrête les devoirs pour ce soir. J'en ai marre. Nous dînons tôt. Vers 19 h 00. Je me couche vers 21 h 30. J'ai sommeil. La nuit sera bonne, bercée de promesses d'amitié et de résultats scolaires satisfaisants.

Réveil à 7 h 00. La routine commence à prendre le dessus. Je me réveille en sursaut. J'étais en train de rêver. Une histoire de cerf. Un peu bizarre. J'avais des bois et je bêlais comme un mouton au milieu de la cour de Massillon. Tout autour, les autres élèves couraient en cercle. Ils allaient tellement vite que je ne pouvais pas distinguer leurs visages. Soudain je ressentais une grande douleur, mes bois gisaient sur le sol. C'est alors que le réveil a sonné.

Le studio est éclairé. Adjara n'est pas dans son lit, elle doit être sous la douche. Je me lève immédiatement et fais ma prière. Adjara sort. « Bonjour », me dit-elle, les cheveux enveloppés dans une serviette. « Bonjour », je lui réponds, avant de me précipiter vers la salle de bain. Je n'aime pas attendre longtemps entre le lever et la douche. Quand j'en ressors, le petit-déjeuner est prêt et Adjara semble pensive devant sa tasse de café. Je lui demande si elle est fatiguée. Elle me répond quelque chose d'inaudible. Il faut croire que oui. Je n'insiste pas.

— Moi, ça va.

— Normal, tu viens de commencer.

— Ce n'est pas une raison.

— Si, c'est une raison, une bonne, même.

— Je t'assure que ça ne vaut rien, comme argument. Ce n'est pas parce que c'est le début des cours que je dois être en pleine forme. Je suis sûr qu'à la fin de l'année je pèterai le feu. Et d'ailleurs...

Elle me coupe d'un geste de la main, tandis que de l'autre elle étouffe un bâillement.

— Il est un peu tôt pour ce genre de discussions, Momo.

— Pourquoi, un peu tôt ?

— T'es lourd, Momo.

« Putain, t'es lourd, mec », me lance Afchine. Il chuchote. Il est 9 h 00, le cours de bio a commencé. La prof a rendu des copies et Afchine a brillamment obtenu 4 sur 20. Comme nous sommes voisins de table, je le chambre un peu. Mais il n'a pas l'air d'apprécier, ni Mathias, assis derrière nous. « Ce n'est pas bien, Momo, de se moquer de ses camarades ; non, ce n'est pas bien. » Mais, je ne sais pas pourquoi, je suis particulièrement excité ce matin-là, une vraie pile électrique. Peut-être le contrecoup de la rentrée. À l'intercours, et en dépit des recommandations de Mathias, certains organisent une bataille de boulettes en papier, à laquelle je participe, intégration oblige. « Ce n'est pas bien de lancer des boulettes, Momo, tu pourrais blesser quelqu'un. » Aussitôt, Pierre, qui a entendu, fait semblant d'avoir un œil crevé. Il hurle et se tient la tête à deux mains. Tout le monde le regarde en riant, lorsque soudain, la prof d'histoire surgit derrière lui. Mais lui ne l'a pas vue et continue son numéro. Tout le monde s'est arrêté de rire. Pierre se met maintenant à quatre pattes, hurlant de plus en plus fort. Jusqu'à ce qu'il roule sur le sol et écrase les pieds de Mme Volton qui devient toute rouge. De surprise, Pierre se relève aussitôt et s'excuse aussitôt. Mais la prof ne veut rien savoir et l'envoie illico en étude pour la durée du cours. Tout le monde a repris sa place. Derrière moi, Mathias semble traumatisé. Je me retourne vers lui et dis : « Non, vraiment, Mathias, ce n'est pas bien ce que tu as fait, ce n'est vraiment pas bien. » En guise de réponse, il me lance une boulette.

Une heure plus tard. Nous sommes sur un terrain de sport dans le bois de Vincennes. Le premier trimestre du cours d'Éducation Physique et Sportive est consacré au foot. J'aime bien le foot. Bien que nous soyons une classe de trente, le prof insiste pour que nous fassions deux équipes de onze. « On est pro ou on ne l'est pas », répète-il en rigolant. On décide alors de laisser quatre remplaçants dans chaque camp. Les filles se portent presque toutes volontaires. Je suis dans l'équipe d'Afchine, Pierre et Mathias. Tout le monde m'appelle Drogba à cause du maillot de l'équipe de Côte d'Ivoire que je porte. Avant le coup d'envoi, nous mettons au point une stratégie et une formation : un magnifique 4-4-2 avec Mathias aux cages, à son corps défendant. « Mais je suis nul aux cages, moi », se plaint-il. « Mais non, t'es le meilleur », lui rétorque Afchine qui s'est réservé le rôle d'avant-centre. Moi, on me met ailier, ce qui me convient assez bien. « Vous êtes prêts ? » Le prof s'est posté au milieu du rond central, un sifflet à la bouche. Au coup d'envoi, les dix joueurs de notre équipe montent tous en même temps. Notre merveilleux 4-4-2 se transforme en un pitoyable 0-0-10, tandis que l'équipe adverse reste organisée. « Mais ne montez pas tous ainsi !, hurle Afchine. C'est moi l'attaquant, redescendez vite. » Mais il est trop tard : en deux passes, Xavier et son mètre quatre-vingt-dix-huit se retrouve seul devant Mathias qui ne peut rien faire. Résultat : 1-0.

— Vous voyez bien que je suis nul aux buts. Laissez-moi attaquer.

— Tu ne vois pas qu'il n'y a que des attaquants, dans cette équipe ?, lui glisse ironiquement un certain David.

— Ça ne va pas les gars, il faut tout réorganiser, balance Afchine. Bon, déjà, les filles, essayez de ne pas trop nous perturber et ne vous précipitez pas toutes en même temps sur le porteur du ballon.

— On n'était pas les seules, Afchine, lui rétorque Caroline.

— Il faut conserver notre formation coûte que coûte ; de la méthode, quoi ! nous crie-t-il tandis qu'il se dirige vers le centre pour le coup d'envoi.

Une heure plus tard, fin du match. 11 à 1 pour nos adversaires. Afchine a sauvé l'honneur en fin de match grâce à un penalty généreusement accordé par le prof.

Arrivés devant Massillon, nous prenons un sandwich à la boulangerie d'à côté. « Je vous l'avais dit, les gars, que j'étais nul aux cages », n'arrête pas de répéter Mathias. Je prends un sandwich au poulet. À coup sûr, ce sera mieux que la cantine. Les cours sont terminés pour la journée. Nous rentrons chez nous tout en mangeant. Afchine ne desserre pas les dents de tout le trajet.

Depuis lundi, je relis chaque jour mes cours en rentrant du lycée. On m'a informé ce matin que j'aurais mes livres de classe en début de semaine prochaine. Soulagé, je me dis qu'ainsi, je pourrai bosser davantage et plus efficacement. Ma sœur rentre de bonne heure et, pour une fois, me demande de l'accompagner chez l'épicier. C'est une toute petite boutique faite de bric et de broc. Une vraie caverne d'Ali Baba. On y trouve de tout ; les aliments s'y mélangent au petit bonheur.

Le soir, nous écoutons un autre disque de Brassens. Je découvre ainsi *Mourir pour des idées*.

« Tu dors ? » La voix de Mathias me réveille. Je suis en classe et tout le monde me regarde avec des yeux ébahis. « Il dort ! Momo dort ! » Le prof de math., M. Cazoles et mes parents sont sur l'estrade à côté du bureau. Ils me fusillent tous du regard. Ma mère est en larmes. Les filles me traitent de bébé. Je ne sais plus où me mettre.

« Tu dors ? ». Cette fois, j'entends la voix de ma sœur. Je me réveille. Je suis dans mon lit. Adjara est agenouillée à mes côtés, entièrement habillée. « Il est 9 h 00, Momo. Je sais que tu ne commences qu'à 10 h 45 mais il faut quand même te lever. D'ailleurs, moi, je dois partir. »

Le froid ne parvient pas à me réveiller. J'ai sans doute trop dormi. J'ai rendez-vous à 10 h 05 avec Afchine, Pierre et Marc, un ami à eux, devant la mairie du XIe. Comme d'habitude, je suis le premier arrivé. Et comme d'habitude, Pierre est bon dernier. « Tu fais chier, mec, regarde l'heure qu'il est », peste Afchine. Nous avons cours de math., je ne veux pas arriver en retard alors je marche vite. « Doucement, Momo », se plaint Afchine un peu à la traîne. En classe, je m'assieds une fois de plus à côté de Mathias, les autres se mettent devant nous et plaisantent bruyamment. « Vous ne vous arrêtez, jamais, vous », leur lance une jolie fille brune dont j'ignore le nom. Pour la peine, ils la chambrent un peu. Le prof arrive. Je participe tout autant que les autres élèves. Je suis satisfait car, c'est bien simple, je connais tout.

À l'heure du déjeuner, je prends un sandwich avec Afchine, Marc et Pierre. La discussion tourne autour… des filles. Mes camarades me demandent lesquelles je trouve jolies dans la classe. Gêné, je réponds que je ne sais pas, que je n'y ai pas fait trop attention ; de toute façon, pour l'instant, les filles ne m'intéressent pas. « T'es pédé ? », me demande Pierre du tac au tac. Je lui explique que cette année, mon objectif prioritaire, c'est le bac. Le reste... j'aurai tout le temps d'y penser après.

— Je te comprends, Momo, rétorque Marc.

— Comment ça, tu le comprends ?, s'exclame Afchine.

— Non, je ne le comprends pas ; je me mets seulement à sa place. Il a treize ans et demi, ses parents ont fait des efforts considérables pour qu'il vienne en France, il ne va pas tout gâcher avec des histoires de nanas.

— Ouais, mais moi je suis sûr qu'on travaille mieux lorsqu'on a une petite copine.

— Attends, mec, c'est un jeunot, lui rétorque Marc.

— Justement, tu n'es plus asexué à cet âge-là, insiste Afchine.

— Et bien, si.

— Pas moi.

— C'est parce que tu es un obsédé, c'est tout, tu ne penses qu'à ça.

J'en ai assez de cette conversation. Je n'ai pas envie de parler de ma libido devant mes potes de lycée. Je ne l'ai jamais fait avant, ce n'est pas aujourd'hui que je vais commencer. Par conséquent, je les interromps. Il est l'heure d'aller en classe. Mais Afchine n'est toujours pas décidé à lâcher l'affaire.

— Je comprends, je comprends, je veux juste savoir quelle est la meuf que tu préfères.

Excédé, je tourne les talons.

La première heure de cours est consacrée à l'anglais. C'est dire si l'après-midi débute mal. D'autant plus que la prof a décidé, aujourd'hui, de tester mes connaissances en profondeur. Par conséquent, elle m'envoie au tableau. La classe commence déjà à pouffer. Elle sourit et me dit de ne pas m'inquiéter ; si elle m'interroge, c'est parce qu'elle a confiance en moi. Ça ne m'empêche pas d'être terrorisé. La prof s'assied sur un bureau et me regarde, tournant le dos aux élèves qui commencent à me faire des signes. Certains éclatent de rire bruyamment. Mrs Beaddle se retourne immédiatement. « Shut up », leur lance-t-elle. « Ayez un peu de respect pour votre camarade qui est au tableau. » Les élèves baissent la tête. Elle me dit de reprendre. Mais je n'ai pas encore commencé, je ne sais même pas ce que je suis censé faire, elle ne m'a encore rien expliqué. Puis elle ouvre la bouche et commence à débiter un flot de paroles incompréhensibles. Elle parle vite, je ne saisis qu'un mot sur cinq. Mon visage doit traduire ma perplexité

À Paris sous la pluie

puisque la classe pouffe une nouvelle fois. Nouvelle interdiction de parler, nouvelles têtes baissées. La prof me répète ce que je dois faire. Cette fois en articulant. Je comprends que je dois écrire une phrase au tableau. Cette phrase, Mrs Beaddle me la répète en prenant son temps. Je saisis une craie blanche et écris… deux mots. Nouvelle salve de rires. Nouveau « shut up » mais cette fois Mrs Beaddle en a assez. Elle demande à Mathieu, hilare, de venir me remplacer. Bien entendu, les élèves rient de plus belle, moi aussi, Mathieu beaucoup moins. Je suis soulagé. Je n'aime pas être au centre de l'attention.

Nouvelle matière, nouveau prof. La philo, au début, on croit que c'est facile. Le prof est jeune et se la joue cool. Il s'assied nonchalamment sur le bureau et nous parle. Il nous pose ensuite des questions assez vagues, du genre : qu'est ce que la vérité ? Y a-t-il une ou des vérités ? Le bonheur existe-t-il ? etc. Seule une minorité d'élèves semble s'y intéresser. Ils sont très peu à participer. Les autres en profitent pour faire la sieste, se réveillant uniquement pour se moquer de ceux qui répondent. Sous le nez du prof qui ne sévit pas. Ça doit être ça l'esprit philo, comprendre et tolérer. Bien entendu, Afchine, Marc et Pierre sont distraits, tandis que Mathias essaie de suivre les débats. Je le vois réfléchir ; quand enfin il lève la main pour répondre, le prof a déjà donné la parole à un autre, qui souvent s'avère être une autre élève. En fait, je remarque assez tôt qu'à de rares exceptions près, les filles participent plus que les garçons.

— C'est parce qu'elles se prennent plus au sérieux que nous, m'explique Pierre à la fin du cours tandis que nous rangeons nos affaires.

— Ou peut-être parce qu'on est moins immatures, lance Caroline qui a entendu.

— Ouuuuuais c'est çaaaaa, lui répond Pierre.

— T'as un sacré sens de la repartie, toi, lui fait Afchine.

Mathias se tourne vers moi.

— Et toi, Momo, tu as aimé ?

— Oui, ça va.

— « Oui, ça va », ça ne veut rien dire, me dit Afchine.

— Je ne sais pas encore, je verrai plus tard ; de toute façon, on ne peut pas juger en une seule heure.

— Évidemment, acquiesce Mathias.

— Évidemment, répète Pierre.

Nous sortons. Il fait plus froid que tout à l'heure.

— Je n'aime pas ce temps-là, dis-je

— J'imagine, répond Marc. Il fait combien, à Abidjan ?

— Jamais en dessous de 24 °C.

Comme il est tôt, environ 16 h 30, nous allons dans un café qui donne sur la place de la Bastille. Je prends un chocolat chaud.

— C'est dommage que le café m'énerve, sort soudain Afchine devant sa tasse.

— Pourquoi ? je lui demande.

— Parce que j'aime bien ça.

J'adore l'atmosphère qui règne dans les cafés parisiens. Ce bruit et ce passage incessant. On y voit toutes sortes de gens. Le café, c'est un lieu de rencontre et de repos. On y vient pour diverses raisons. Il y a des gens qui discutent de boulot, d'autres qui lisent le journal. Il y a aussi des amoureux qui se placent en priorité aux tables d'angle, dans les coins un peu cachés. Ça ressemble à la rue de chez nous, en fait, sauf qu'ici, il faudrait un brasero sous les arbres pour qu'ils puissent servir de points de rendez-vous. Nous, on vient au café quand on a un trou dans notre emploi du temps, ou alors à la fin des cours, histoire de faire le point sur la journée. C'est surtout un point pour se moquer des profs et raconter des balivernes. Pas un point sérieux.

Je quitte mes camarades devant mon immeuble. Il doit être 18 h 00 ou bien 18 h 30. Adjara n'est pas encore rentrée. Je pose mes affaires et après m'être chargé de la vaisselle je commence à faire mes devoirs. Je relis à nouveau le tableau d'avancement ainsi que mes cours de la journée. Particulièrement celui de math. Il me tarde d'avoir mes bouquins. Le téléphone sonne vers 19 h 00. Je décroche. C'est ma sœur. Elle me prévient qu'elle rentrera plus tard ce soir et que je ne dois pas l'attendre pour dîner. Comme j'ai faim, je descends acheter un kebab au Grec du coin. J'aime bien ça, les kebabs. C'est pratique, ça se mange avec les mains et il n'y a aucune vaisselle à faire. J'en prends un avec mayo et ketchup et le mange dans le studio en écoutant Brassens assez fort. Ensuite, je continue mes devoirs avant de me coucher vers 21 h 00. Adjara rentre une demi-heure plus tard. Je m'endors un peu après.

La matinée passe vite, consacrée uniquement à des matières que j'aime. On commence par la physique. Comme à présent je connais le tableau, j'arrive à suivre sans problèmes, et même à répondre lorsque la prof m'interroge. Je suis plutôt fier de moi. Ensuite, on enchaîne avec les math. Puis, comme le lycée Massillon est un établissement privé catholique sous contrat, vient le catéchisme. La dame qui dispense cette matière est une ancienne prof de bio. Elle nous parle d'amour et de

Dieu. Elle nous raconte les Évangiles, des histoires bibliques, le message du Christ. La plupart des élèves n'écoutent pas. Moi, si. Son enseignement me passionne. Je suis avec attention. C'est la première fois que j'ai l'occasion de découvrir une autre religion, de comprendre comment elle fonctionne, ce qui la rapproche, ce qui la distingue de la mienne. J'en viens même à poser des questions. Mes parents sont très pieux et la religion musulmane occupe une place importante dans notre famille. Je n'ai pas encore sérieusement réfléchi à ce qui me pousse à faire ma prière chaque jour, mais pour l'instant j'y tiens. Mes camarades n'attachent pas la même importance que moi à la religion. La plupart viennent d'une famille catholique mais très peu d'entre eux font encore leur prière. Comme si c'était un enseignement pour les enfants mais qu'il faut abandonner à l'adolescence, sous peine de passer pour un ringard. Moi, je trouve ça dommage et j'ai du mal à comprendre ce rejet. Mais c'est peut-être parce que je suis plus jeune que les autres. Je ne sais pas ce que j'en penserai dans quelques années.

La pause du déjeuner arrive trop tôt. Nous sortons prendre un sandwich, que nous mangerons sur le chemin du retour. Les autres sont anormalement calmes.

— C'est parce qu'on est vendredi et qu'on a travaillé toute la semaine ; on est fatigués, quoi !, se lamente Pierre.

— Ouais, complètement nazes, constate Afchine à son tour.

— Déglingués, renchérit Pierre.

— Dans le coma, suit Afchine.

— H.S.

— Ébouriffés.

— Ébouriffés ? reprend Pierre. Ça ne veut rien dire, ébouriffés.

— Ben, si, décoiffés, quoi, lui répond Afchine.

— Ouais, mais je ne vois pas le rapport.

— Ouais ? Eh bien, c'est pas grave, man.

Je les regarde avec de grands yeux vides, mon sandwich à la main. Je n'ai encore jamais vu ça. Devant ma stupeur, ils m'expliquent qu'ils sont fan de hip hop et qu'à leurs « moments perdus », il leur arrive de rapper. Si je comprends bien, c'est ce qu'ils viennent de faire. Je ne connais pas grand-chose au rap. On en écoute un peu, en Côte d'Ivoire, mais moins qu'en France, apparemment. Je leur pose des questions sur les groupes qu'ils préfèrent, leur demande s'ils ont déjà assisté à des concerts. Ils aiment surtout le rap américain, Dr Dre, Snoop Dog, le Wu Tang Clan ou The Roots. Même si j'ai entendu parler de quelques-uns de ces groupes, ces noms restent pour moi assez flous. Ils m'expliquent ensuite qu'ils font du *breakdance*, la danse hip hop. Qu'ils dansent dans un centre commercial tous les samedis, place d'Italie, juste eux deux et un vieux transistor pourri. Ils me demandent si je veux venir. Je leur dis que j'aimerais bien mais pas tout de suite car, pour le moment, j'ai beaucoup de travail à rattraper. Que j'attendrai d'avoir mes livres de cours et d'exercices et qu'ensuite seulement, je les accompagnerai.

— T'es sérieux, toi, conclut Pierre.

Après tous les sacrifices qu'ont dû faire mes parents pour que je vienne en France, je ne peux pas ne pas l'être. Je n'oublie pas qu'en Afrique, la vraie richesse ce sont les enfants.

L'après-midi reprend avec la bio. J'aime bien la bio mais je préfère les mathématiques bien abstraites, je ne sais pas pourquoi. Pour pouvoir en faire, je dois attendre la dernière heure de la journée.

— Encore un cours de math., je commence à craquer, se lamente Afchine.

— C'est pour ça que tu passes un bac math., spécialité math., lui répond Mathias du tac au tac.

— La seule chose positive, c'est qu'on termine à 15 h 00.

— Ouais, à 15 h 00, et moi j'suis un killer, rappe Pierre.

— Tu l'as dit, gros !, poursuit Afchine.

— Ils se prennent pour des rappeurs mais ils sont mauvais, me chuchote Mathias.

La fin du cours, le début du week-end. Les autres courent partout. Certains crient en dévalant les escaliers.

— Tu n'as pas l'air ravi, Momo, il y a quelque chose qui ne va pas ?, me demande Mathias.

— Si, ça va, mais j'aurais préféré partir en week-end avec mes livres de cours.

Afchine et Pierre nous attendent dehors. Comme il est encore tôt, nous nous posons dans un café. Je commande encore un chocolat chaud.

Il doit être 17 h 00 lorsque je pousse la porte du studio. Adjara n'est pas encore rentrée. Je commence à m'habituer à cette absence. Je me mets au travail. Je relis les cours de la journée, puis ceux de la semaine et refais tous les exercices. J'arrête à 20 h 00. Ma sœur est maintenant revenue depuis une heure environ. Elle aussi a des devoirs. Elle découpe, coud des étoffes, dessine. Son travail à elle, comme elle dit. Nous dînons un peu plus tard que d'habitude. Personne ne travaille le lendemain, on peut se relâcher. Pour fêter la fin de ma première semaine de cours, elle nous prépare un gratin de pommes de terre excellent. Moi, pendant ce temps, j'appelle mes parents pour leur raconter mes journées. Je tombe sur ma mère qui crie : « Momo ! » J'entends ensuite plusieurs voix qui se chevauchent : mes sœurs, mon frère, mon père et mes cousins. Je ne comprends rien de ce qu'ils me disent. Tout le monde parle en même temps. J'éprouve comme un pincement au cœur. Je mets le haut parleur pour qu'Adjara entende. Aussitôt, elle se met à rire.

Nous nous couchons vers 23 h 00. Ma sœur écoute un peu la radio dans le noir pour s'endormir. Moi aussi. Je n'ai pas sommeil.

Les vacances de la Toussaint

Aujourd'hui, je me suis rendu dans le XIIIe arrondissement pour la première fois. De chez moi, j'ai marché jusqu'à Bastille, puis j'ai pris la ligne 5, celle dont les couloirs sont orange et qui enjambe la Seine entre le quai de la Rapée et Austerlitz. C'est agréable car on peut voir un peu de paysage durant le trajet. Il n'y a pas assez de passages comme celui-là dans le métro parisien. J'ai rendez-vous avec Afchine et Pierre à 19 h 00 devant le Grand Écran, un cinéma dont l'écran est, paraît-il, le plus grand d'Europe. Il faudrait que j'y aille, un jour, juste pour me faire une idée. Il est 18 h 55 lorsque je sors du métro. Sur la petite esplanade, beaucoup de monde attend comme moi. Je me pose sur un banc et regarde la place, plutôt jolie, avec ses grands arbres plantés au milieu et sa petite mairie de l'autre côté. C'est agréable de découvrir ainsi une ville, quartier par quartier. Et ils sont si différents les uns des autres, autant par leur architecture que par les populations qui les occupent ! On a l'impression de plusieurs villes accolées, bien qu'on décèle une grande unité entre tous. Pour l'instant, j'ai surtout vu la rive droite, c'est même la première fois aujourd'hui que je m'aventure de l'autre côté de la Seine. Quand j'aurai un moment de libre, il faudra que je demande à Adjara ou à mes amis de me faire un peu visiter l'autre rive : Saint-Germain-des-prés, Saint Michel, Montparnasse, des noms que j'ai souvent entendus dans la bouche de mon père. Tout a bien dû y changer depuis son époque mais j'aimerais quand même aller y jeter un œil.

Sur ma droite, je repère un McDo. On en croise un à chaque coin de rue, de toute façon. À Abidjan, il y en avait moins puisqu'il n'y en a pas. Ce n'est pas que je les déteste, moi-même il m'arrive d'y aller de temps en temps, mais je n'aime pas le genre de harcèlement qu'il y a autour. Et puis, je préfère les petits bistrots parisiens où l'on peut prendre tranquillement un café ou un steak frites avec des serveurs qui ne se forcent pas pour être aimables. C'est vrai, dans les fast-food, ils ont presque tout le temps le sourire aux lèvres, un sourire figé. Dans les cafés, c'est tout l'inverse. Et, même si ce n'est pas très commerçant, au moins ça a le mérite de la sincérité. En Afrique, c'est encore différent. Personne ne simule, chacun reste naturel, et au final tout le monde sourit. Dans la rue, chez l'épicier. Personne n'est de mauvaise humeur, on parle, on chante, on rit beaucoup plus facilement. On se prend moins la tête. C'est peut être à cause du climat. Il est vrai que le froid n'a jamais encouragé personne à desserrer les dents.

« Excuseuh-moi, jeune homme. » Le type qui vient de m'adresser la parole est vêtu d'un K-way vert fluo et il tient des cartes dans sa main. « Excuseuh-moi de te déranger, mais as tu déjà entendu parler de Greenpeace ? » Mon premier mouvement est de répondre non. « Eh bien, c'est une association… » Mais je comprends vite où il veut en venir et lui annonce que je n'ai pas d'argent. Du coup, il repart sans même me dire au revoir. Je commence à me faire à cette impolitesse généralisée mais j'avoue que ce n'est pas ce que je préfère ici. En Côte d'Ivoire, jamais les gens ne se tourneraient le dos ainsi, sauf à s'être copieusement pris le bec avant. Mais à Paris, ça semble chose courante. Au début, je restais bouche bée, ne sachant trop quelle attitude adopter, pensant toujours qu'il s'agissait de faux départs ou me demandant ce que j'avais bien pu faire ou dire pour qu'on m'en veuille. Maintenant, je m'adapte mais je n'en suis pas encore à suivre ce type de pratiques. Je regarde ma montre : 19 h 05. Ça y est, ils sont en retard. Ça ne change pas beaucoup : depuis deux semaines que je les connais, pas une seule fois ils ne sont arrivés à l'heure. Surtout Pierre. Par précaution, je consulte le portable que vient de m'acheter ma sœur Dousse. Voilà une mauvaise habitude parisienne que je n'ai eu aucun mal à prendre : en moins de deux, je me suis mis à la mode du téléphone toujours à portée de main, un doigt constamment sur le clavier et l'oreille aux aguets au cas où on m'appellerait. Bon, je n'ai aucun message. J'essaie d'appeler Afchine ; pour toute réponse, je tombe sur sa boîte vocale. Il doit être dans le métro. Il commence à faire froid. Et nous ne sommes que début novembre ! Je me demande comment je ferai pour tenir cet hiver, quand la température tombera à zéro. Je me lève pour faire quelques pas, histoire de me réchauffer (il ne manquerait plus qu'il pleuve), quand mon téléphone se met à vibrer dans ma poche. Je décroche, c'est Afchine.

— J'arrive dans cinq minutes, il y a eu un problème dans le métro.

— C'est pas grave, prends ton temps.

— Il est là, Pierre ?

— Non, je suis seul. Je croyais qu'il était avec toi.

— Non, je ne l'ai pas vu aujourd'hui. Il est relou. Bon, t'inquiètes, j'arrive.

Dix minutes plus tard, je suis toujours là, devant le Grand Écran, à faire les cent pas en me frottant les mains. En plus, il s'est mis à pleuvoir, une petite pluie fine et froide comme de la glace, pas les trombes chaudes qui tombaient à Abidjan. Au moment où la pluie redouble, je vais m'abriter à l'entrée du centre commercial. Les gens courent dans tous les sens, même ceux qui ont un parapluie. Afchine m'appelle une nouvelle fois.

— Alors, t'es où ? je lui demande, impatient.

— Je suis super désolé mais j'ai dû m'abriter à cause de la pluie. Je suis juste à côté, sinon.

— Mais où, juste à côté ?

Pierre et moi au Grand Écran, place d'Italie

— Avenue des Gobelins.

— Je ne sais pas où c'est, l'avenue des Gobelins.

— C'est à cinq minutes.

— Mais tu m'as déjà dit que tu étais à cinq minutes, il y a dix minutes !

— Je m'étais trompé, mais là je suis à cinq minutes de vous, maximum !

— Comment ça, vous ? Je suis tout seul.

— Pierre n'est pas encore là ?

— Non, je suis tout seul, je te dis.

— Il est vraiment relou, ça se fait pas… En tout cas, j'arrive. À tout de suite.

— À tout de suite.

Je raccroche. Je n'aime pas attendre seul. J'ai toujours l'impression que les gens me regardent, comme s'ils pouvaient deviner que je viens juste d'arriver et que je ne suis pas vraiment chez moi. À Abidjan, je n'avais pas ce genre de problème. J'étais toujours dans les mêmes endroits et tout le monde se connaissait, on m'appelait « Momo » et on ne se demandait pas ce que je faisais là à traîner dans la rue tout seul. Mais ici, personne ne semble connaître personne. Mon camarade arrive finalement à 19 h 30, soit une demi-heure après l'horaire prévu. Quant à Pierre, il n'est toujours pas là et n'a même pas essayé d'appeler.

— Je suis désolé, me fait Afchine.

Il est trempé et porte un sac à dos.

— Ce n'est pas grave, mais tu sais où est Pierre ?

— Non, pas du tout. Je vais essayer de l'appeler.

Il décroche son téléphone, mais, après quelques secondes, se voit contraint de laisser un message.

— Il lui est peut être arrivé quelque chose ? Trente minutes de retard, ça fait beaucoup, quand même.

— Mais non, penses-tu, répond Afchine. Il est en retard, ou alors il a oublié de venir.

Cette seconde version est la plus probable. Pierre est un peu tête en l'air. Ce qu'il ne note pas, il l'oublie, et comme il ne note rien… Dehors, il pleut toujours, l'entrée du centre commercial est maintenant encombrée de badauds.

— Et si nous y allions ? Pierre nous rejoindra, me lance Afchine.

— Oui, c'est une bonne idée.

— C'est par là.

Je suis Afchine tandis qu'il s'enfonce à l'intérieur des galeries marchandes. Les boutiques commencent à fermer mais il y a toujours pas mal de monde. Nous passons successivement devant des magasins de fringues, d'électro-ménager et une Fnac, impressionnants par leur taille et leur… propreté.

— Voilà, c'est là, me fait Afchine.

Devant nous, une boutique peinte en blanc, barrée d'un panneau indiquant : « travaux ».

— C'est un salon de coiffure en cours de rénovation, m'explique mon camarade. Ici, on est tranquilles, on ne sera pas dérangés.

Il enlève son sac à dos, en sort une petite chaîne stéréo, pose son blouson sur le sol.

— On va gêner tout le monde, ici, lui dis-je.

— Mais non, rassure-toi, personne ne fera attention à nous.

À l'instant où il appuie sur la touche « play », un morceau de hip hop se répand dans toute la galerie. « C'est du bon son, ça », me lance Afchine, déjà prêt à marteler le rythme avec sa tête. Puis il commence à danser. La honte me saisit aussitôt, non pas la honte de ce qu'il fait, il danse plutôt bien, mais j'ai peur que les gens nous regardent. Je n'aime pas trop me faire remarquer. Est-ce que je serais en train de devenir comme mes sœurs qui étaient gênées par mes attitudes lors de mon arrivée ? J'espère que non. Mais je sens que nous faisons là quelque chose qui ne se fait pas. Même si au fond, ça n'a rien de répréhensible ou de dérangeant. Et puis, nous ne sommes que deux, si Pierre était là, ce serait différent. Je m'assieds contre la vitrine en travaux et regarde Afchine se déchaîner seul. Tandis que je consulte ma montre d'un geste nerveux, j'essaie d'éviter le regard des passants. Il est 19 h 45, et je sens que ça n'est pas prêt de s'arrêter. En ce qui me concerne, je n'ai aucune envie de danser. J'aime bien le rap mais à petites doses, en fait. J'ai l'impression que c'est toujours pareil. Je ne dois pas être « tendance ». Bien qu'il n'y ait aucun rapport entre les deux, je préfère Brassens. C'est moins agressif. Par contre, on ne peut pas danser dessus. Peut être que Afchine, lui, pourrait. Je glisse un regard alentour ; à ma grande surprise, personne ne nous observe. Apparemment, nous n'intéressons pas les gens. Ils passent à toute vitesse, le visage baissé. Ils ont hâte de rentrer chez eux. Ou peut-être sont-ils effrayés par ces

Pierre, Afchine et Luc

jeunes et leur musique de sauvages ? J'ai remarqué qu'en France, aussi bien à la radio qu'entre particuliers, il était toujours question de l'âge et qu'on se situait souvent par rapport à ça, comme s'il n'existait pas de passerelles entre les générations, définitivement réduites à l'incompréhension mutuelle. C'est étrange. En Côte d'Ivoire, les passants n'auraient pas manqué de s'arrêter pour nous regarder, nul doute que certains auraient accompagné Afchine. Afchine, qui montre déjà des signes de fatigue, ne soulève presque plus ses pieds. Jusqu'au moment où il s'arrête et décide de s'asseoir. « C'est usant, le hip hop », me confie-t-il, essoufflé. Il sort une bouteille de Coca de son sac, m'en propose ; j'accepte.

— Tu devrais danser, c'est sympa.

— La danse, ce n'est pas trop mon truc.

— Il y a bien du rap, en Côte d'Ivoire ?

— Oui, mais je n'en écoutais pas trop.

— Eh, les mecs !

Une voix se fait entendre à quelques mètres de nous. C'est Pierre qui approche en courant.

— T'as vu l'heure ? lui fait remarquer Afchine.

— Je sais, je suis désolé. Je faisais une sieste, je n'ai pas entendu mon réveil.

— Une sieste, un samedi soir ?

— Je suis sorti tard hier soir, j'ai été naze toute la journée.

— C'était bien, au moins, ta soirée ? je lui demande.

— Pas terrible, mais il y avait de ces meufs ! s'excite Pierre.

— Sérieux ? l'interpelle Afchine.

— Tu connais le Paradis du fruit, le restaurant ? Eh bien là, c'était le Paradis de la meuf.

— Et alors, t'as chopé ?

— Eh bien, tu ne vas pas me croire…

— Vas-y, t'as chopé ou pas ? s'impatiente Afchine.

— Sérieux, mec, tu vas halluciner.

— Alors ? Fais pas ton crevard… T'as chopé, oui ou non ?

— Non.

J'en étais sûr.

— T'es nul.

— Je sais.

Ils se taisent. Ils me font bien marrer avec leurs préoccupations d'ados boutonneux. Je n'ai pas vraiment hâte d'en être là. Ça paraît tellement compliqué et pour un résultat plus que moyen. À quoi bon parler sans cesse des filles si c'est pour ne même pas oser en aborder une quand elle se présente ? Moi, pour l'instant, je n'ai pas ces soucis, je parle indifféremment à tout le monde, aux garçons comme aux filles, aux vieux et aux jeunes.

J'ai fini par m'y mettre, au hip hop !

J'échapperai peut-être à leurs tourments, ceci dit, étant donné que je n'ai pas la même culture. Il me semble que les rapprochements se font beaucoup plus naturellement chez nous. Je croise les doigts pour conserver cette aisance et ne pas un jour perdre mon temps à me demander comment aller parler à telle ou telle fille. Afchine passe la bouteille de Coca à Pierre. La musique hurle toujours à côté de nous. Les passants se font de moins en moins nombreux. Nous parlons comme ça pendant une bonne heure, avant qu'ils ne se décident à danser. Bien qu'il y ait moins de monde, je n'ai pas trop envie de me joindre à eux. Je préfère les regarder sauter dans tous les sens. Ils s'arrêtent définitivement aux alentours de 22 h 00. Le centre est désert, il n'y a que les spectateurs du cinéma qui passent devant nous en sortant de la salle. Afchine et Pierre sont en sueur.

— Ça fait du bien, lâche Pierre.

— Grave ! Dommage que tu n'aies pas voulu danser avec nous, Momo, ça t'aurait plu, j'en suis sûr.

— La prochaine fois, je vous promets.

Après avoir éteint la chaîne et l'avoir rangée dans son sac, Afchine enfile son blouson. Pierre et moi faisons de même. Retour à notre point de rendez-vous. Dehors, il a cessé de pleuvoir. Nous nous engouffrons dans la bouche de métro toute proche. Soudain, une chaleur lourde nous envahit. Afchine et Pierre sont trop fatigués pour parler. Moi aussi, d'ailleurs. C'est le début des vacances de la Toussaint, les cours se sont arrêtés hier soir. Aujourd'hui, je n'ai pas travaillé. Je me suis accordé le week-end. Je ne travaille jamais le premier week-end des vacances. Je m'y mettrai lundi matin de bonne heure. Cette fois, j'ai tout ce qu'il me faut : livres, cours, tout est au point. Les vacances servent à se reposer. Mais moi, je vais en avoir besoin pour finir de rattraper mes cours, même si ces deux semaines passées en France m'ont fatigué comme jamais. Il est vrai que je me suis particulièrement concentré pour éviter d'être largué. Ce n'est pas facile de suivre quand on débarque dans une nouvelle classe.

Le métro n'est pas bondé, Afchine me dit que les gens sont sûrement partis en vacances. Nous descendons à Bastille, pour refaire en sens inverse le chemin que j'ai pris à l'aller. Comme d'habitude, la rue de la Roquette est animée ; je passe régulièrement par cette rue et à chaque fois, je vois beaucoup de monde se presser dans les bars et les restaurants. Il y a quelques lieux comme ça, mais assez rares, où les gens se rassemblent et parlent fort, enfin délivrés de cette manie de ne pas déranger le voisin et que j'ai découverte dès mon arrivée ici. Ce genre d'endroits donne un petit air festif à la ville et les gens cherchent à s'amuser comme ils pourraient le faire au soleil. C'est un peu comme à Barbès, bien que la clientèle ici paraisse plus fortunée. Nous marchons vite. Nous traversons la place Léon Blum avant de prendre la rue du Chemin vert. Nous nous quittons quelques mètres plus loin. On se souhaite de bonnes vacances. Nous nous reverrons à la rentrée.

Au moment où j'entre dans l'appartement, il n'y a personne. Richard est arrivé ce matin en train, pour les vacances. Adjara et lui doivent être sortis. Il y a un petit mot sur la table, que je lis. Ma sœur m'explique qu'ils sont partis dîner chez des amis et qu'ils rentreront tard. Inutile de les attendre. Très bien, je vais aller me chercher un kebab, ensuite j'écouterai de la musique. Il est 23 h 00, je commence à avoir sommeil. Une heure plus tard, je suis au lit ; complètement fourbu, je m'endors aussitôt, la tête posée sur l'oreiller.

Je profite de mon premier dimanche de vacances pour faire la grasse matinée. À 10 h 00, personne dans le studio : Adjara et Richard ont dû aller au marché. Après ma douche et ma prière, je prends mon petit-déjeuner tout en écoutant la radio. Il y est question de malversations financières et de remises en cause politiques. Mis à part que je ne connais pas les noms des gens dont on parle, ça ne me change pas beaucoup des infos de mon pays. C'est curieux, j'aurais pensé que tout était plus calme et plus transparent en France, mais je m'aperçois que les problèmes à l'échelle nationale en sont guère différents. Ma sœur et mon beau-frère reviennent une heure plus tard, des provisions plein les bras. Nous déjeunons tranquillement. L'après-midi est consacrée à la balade ; nous prenons le temps de nous arrêter dans un café. Je n'avais pas vu Richard depuis des années. Il n'a pas changé, seulement les cheveux, qui ont un peu poussé. Il ne fait pas ses quarante ans. Le soir, nous dînons de bonne heure avant d'écouter des disques tous les trois.

— J'aimerais bien qu'on mette Brassens.

— Encore ? Mais tu n'écoutes que ça, me répond Adjara.

— C'est le seul que je connaisse dans votre discothèque.

— Si tu aimes Brassens, tu aimeras sûrement aussi Brel, me dit Richard en prenant un disque sur une étagère.

Brel. Je le connais de nom, bien sûr, mais serais bien incapable de citer deux de ses chansons. Quelques notes sortent des enceintes, bientôt des paroles : « Ils étaient plus de deux milles mais je ne vois qu'eux deux… » J'écoute sans un mot. C'est l'histoire d'un couple qui se sépare dans un aéroport et ce n'est pas joyeux. Je peux le comprendre. D'une certaine manière, j'ai vécu le même drame. C'est vrai que c'est beau. C'est moins léger que Brassens mais plus poétique. Nous nous couchons vers 22 h 30. Allongé dans mon lit, je ressasse ma séparation d'avec mes parents. Les larmes ne tardent pas à me monter aux yeux. Je prends davantage conscience aujourd'hui de la difficulté à quitter les siens. Et pourtant je suis heureux d'être ici, et de plus j'ai mes sœurs pour me protéger et déjà des amis pour me faire oublier ceux que j'ai laissés là-bas. Je pense aux gens qui doivent partir de leur pays contre leur gré et sans savoir ce qui les attend à leur arrivée, à ceux qui se retrouvent seuls dans une ville qu'ils ne connaissent pas, sans personne pour les accueillir, souvent sans en parler la langue, et qui sont confrontés à l'hostilité d'une société qu'ils n'ont pas choisie. Heureusement, ce n'est pas du tout mon cas et pourtant, quand je ressens cette sorte de petite boule d'angoisse dans l'estomac à l'idée des kilomètres qui me séparent de la Côte d'Ivoire, j'ai la sensation d'approcher, de façon certes infime, les affres qu'eux peuvent vivre. Mais moi, ce pays d'accueil, je l'ai choisi, et je suis entouré et secondé. Je n'ai pas le droit de me plaindre et je dois faire avec les petites difficultés, je m'interdis de les confier à mes parents ou même à Adjara, qui ne comprendraient sans doute pas.

Le lendemain, je me lève à 9 h 00. Mes devoirs l'imposent. Je travaille toute la matinée, refais tous les exercices, relis toutes les leçons, m'entraîne avec des exercices supplémentaires. Je ne travaille que les trois matières scientifiques. Je n'ai pas tellement envie de voir les autres pour l'instant, je préfère me concentrer sur celles que j'aime et qui ont un plus gros coefficient. Richard m'aide quelquefois. Il m'explique un peu, me donne des conseils, des tuyaux. Il fait prof de math. à domicile. L'après-midi, nous achetons des livres. Richard achète habituellement pas mal de livres, mais pas essentiellement des livres de math. Il m'en conseille quelques-uns. La semaine s'écoule ainsi, entre travail, lectures et musique. La littérature me détend ; je lis de courts textes, principalement d'auteurs français, ayant toujours le bac en ligne de mire, mais variés et d'époques diverses. Ils me donnent à voir des aspects de la société française qu'il est difficile d'appréhender à l'œil nu. Et puis, je commence réellement à apprécier Brel.

Le dimanche suivant, la veille de la reprise des cours, Richard rentre chez lui. Nous l'accompagnons à la gare. Nous le reverrons cet hiver, pendant les vacances de Noël. Le soir, bien que nous nous couchions de bonne heure, je ne parviens pas à dormir, trop énervé. Je ne suis pas triste que les vacances se terminent, plutôt excité à l'idée de reprendre les cours et de revoir les autres. Cette nuit-là, je m'endors un peu avant minuit.

Mes tribulations à Massillon

— Putain, ça caille, peste Afchine.

— Y'a pas idée de nous faire aller à la piscine en plein hiver, ajoute Pierre.

Après le foot, voici venu le temps de la natation. Nous sommes fin novembre et toute la classe, en maillot de bain autour du grand bassin d'une piscine de banlieue, a la chair de poule. Sans vouloir jouer les rabat-joie, je dois avouer que cette situation est pénible. Certains sautillent sur place pour se réchauffer. Le prof d'EPS sépare la classe en trois groupes : les bons, les moyens et les mauvais nageurs. Je suis incapable d'évaluer mon niveau. Lorsque j'en parle au prof, il me dit que ce n'est pas grave, qu'il suffit juste que je nage quelques mètres pour me faire une idée. « Plonge, on verra ». C'est ce que je fais. Je prends mon élan, cours, exécute un magnifique plongeon à pic. C'est à ce moment-là que je me rends compte que je ne sais pas nager. Le prof, me voyant en difficultés, plonge à son tour, me saisit par les épaules et me ramène tranquillement à la surface. Je vais bien ; je n'ai pas eu le temps de boire la tasse. La classe est hilare.

— En fait, tu ne sais pas nager ? me demande le prof.

— Vous vous posez encore la question, monsieur ? l'interpelle Afchine.

Même le prof se met à rire. Résultat : je suis dispensé de piscine pour le reste du trimestre. À la place, j'irai en étude pour travailler ; je préfère, c'est moins dangereux.

Une heure plus tard, nous voici réunis au café. Mes camarades continuent à me chambrer.

— T'es grave mec, pourquoi t'as plongé ? me demande Afchine.

— Parce que j'avais envie d'essayer ; en fait, je voulais savoir si j'arriverais à nager. J'ai vu.

— Mais, normalement, on sait si on sait nager ou pas.

— Pas moi.

Tout le monde éclate de rire, à commencer par moi. Nous rentrons tôt cet après-midi-là. Il y a un devoir surveillé de math. de quatre heures samedi matin ; il ne faut pas que je me loupe. Mes résultats n'ont pas été très bons jusqu'à présent. Il faut que ça change. Dehors, il fait de plus en plus froid et la vie est de plus en plus triste. Au moins, à Abidjan, l'hiver est gai : non seulement il fait toujours beau, mais les gens sont joyeux ; en fait, il n'y a pas d'hiver. Ici, le ciel est invariablement gris. Jamais aucune étoile ne vient trouer le ciel. Et les gens sont comme le ciel, gris. Je ne connais pas encore bien les codes et les façons d'agir, alors je me dis que ce n'est peut-être qu'une apparence à percer. Mais comment s'y prendre quand on ne rencontre quasiment que des visages fermés ? Ce n'est pas évident d'aller engager la conversation quand, à peine a-t-on ouvert la bouche, votre interlocuteur vous tourne le dos sans plus d'explications. Heureusement que je suis lycéen et donc bien forcé de côtoyer des jeunes de mon âge, sinon je crois que j'aurais les plus grandes difficultés à m'intégrer, avec un tel comité d'accueil. C'est dommage parce qu'une fois qu'on est présentés, je sais que la plupart d'entre eux sont sympathiques, ou du moins pas si désagréables qu'ils le laissent penser au premier abord. Mais ici, il semble que la confiance se mérite et n'ait rien de naturel ou d'inné. Avant de rentrer, je passe au supermarché faire quelques courses. Ça ne me déplaît pas comme « corvée ménagère » car ces magasins sont tellement étonnants, si pleins de denrées que je ne connais pas, que j'y passerais des heures si le travail ne m'appelait. Et du coup, c'est plutôt pour me restreindre et m'empêcher de tout acheter que j'ai des difficultés. Je commence à comprendre qu'on puisse devenir accro de la consommation. À peine arrivé chez moi, je m'installe à mon bureau et passe des heures devant mon bouquin de math., à faire et refaire les exercices. Je termine vers 20 h 00. Adjara est rentrée, elle prépare à manger. Ça sent bon la cuisine. Elle doit faire cuire de l'aloko, ces grosses bananes plantains frites, au goût à la fois sucré et salé. Elle me gâte. J'ai beaucoup de chance, Adjara est comme une seconde mère pour moi, elle me nourrit, m'encourage, me soutient. Elle me cajole aussi beaucoup comme si j'étais son fils.

Le lendemain matin, la classe a encore en mémoire mon exploit de la veille. J'ai même l'impression que celui-ci a fait le tour de l'école, parce que d'autres élèves que je ne connais pas viennent me voir : « paraît que tu as coulé ? ». Je leur réponds avec un grand sourire. Les heures de cours s'écoulent lentement. C'est drôle, en début d'année, elles paraissaient trop courtes ; au fil du temps, elles deviennent longues et pénibles. Surtout les heures d'anglais et d'allemand. Je n'ai toujours pas fait de progrès dans ces matières ; pourtant, il le faudra bien, si je veux avoir mon bac.

Je ne suis, semble-t-il, pas le seul à considérer l'anglais comme un supplice. Certains élèves, environ cinq ou six, ont en effet pour habitude de prolonger systématiquement leur pause déjeuner ce jour-là. Bien entendu, la prof le remarque quand elle fait l'appel. Mais à Massillon, le système pour pointer les absents est étrange. Après l'appel, le prof est tenu d'écrire sur une feuille le nom des élèves manquants et de punaiser celle-ci sur la porte de la classe ; après quoi, le surveillant général se charge de la ramasser. Or, il suffit d'enlever la feuille avant le passage dudit surveillant pour ne pas se faire prendre. C'est la méthode que pratique ce petit groupe d'insurgés presque tous les jeudis. J'hésite à me joindre à eux. D'autant que la prof m'interroge assez souvent et qu'à chaque fois, je fais

Darius et moi en classe

rire la classe. Je dois dire que je me complais un peu dans ce rôle de clown en cours d'anglais. Il a l'avantage de casser un peu l'image d'élève sérieux que je donne le reste du temps.

Le samedi matin arrive vite. Il faut être en classe à huit heures pour le devoir. Sur le chemin, les autres râlent. Surtout Afchine.

— Nous faire venir un samedi matin, c'est pas humain, grogne-t-il.

— On travaille déjà tous les autres jours de la semaine, ils pourraient nous laisser dormir, poursuit Pierre.

— En plus, pour faire des math., dis-je à mon tour.

Les autres s'arrêtent net.

— T'es malade, Momo, tu n'aimes plus les math. ? me demande Pierre.

— Je plaisante. Par contre, je ne vois pas l'utilité de nous faire venir certains samedis matin, alors qu'on travaille tous les autres jours, pour faire un devoir d'anglais.

Ils rient.

Le devoir est assez facile. Comme j'ai bien bossé pendant la semaine, je devrais m'en sortir avec les honneurs. J'espère que ça rattrapera le 8/20 de mon précédent devoir.

Le devoir surveillé terminé, je ne rentre pas à la maison. J'ai décidé de passer le week-end chez Dousse et son copain Alain, qui habitent en banlieue, à Joinville-le-Pont. C'est drôle, j'aurais cru que la banlieue serait plus verte que Paris, qu'il y aurait davantage d'espace. En fait, c'est tout le contraire : non seulement c'est aussi gris, mais en plus les habitations sont assez moches, ce sont de grandes barres d'immeubles comme je n'en avais jamais vues. Dousse et Alain ont pourtant l'air de s'y plaire mais moi, je suis comme Adjara, quitte à habiter dans le coin, je préfère Paris même. Bon, évidemment, les prix des loyers ne sont pas les mêmes. Contrairement à celui d'Adjara, leur appartement est grand. Et puis ils ont la télé et une Playstation. J'aime bien les jeux vidéo. Ceci dit, heureusement qu'à la maison je n'en ai pas, sinon je passerais mon temps à jouer. Je vais régulièrement chez Dousse. Le studio d'Adjara ayant ses limites, ça nous fait quelquefois du bien d'être séparés. Elle peut en profiter pour inviter des amis ; et moi, pour apprécier les qualités de la télévision française…

Au cours d'un de ces week-ends chez mon autre sœur, je découvre ainsi une drôle d'émission. Une dizaine d'ados sont enfermés dans un château où ils doivent apprendre à chanter et à danser. Le résultat est assez ridicule ; ils chantent très faux. « C'est sûr, ce n'est pas Jacques Brel », me charrie Afchine chaque fois que je critique ouvertement la Star Ac. Il n'y a pas ce genre de programmes en Côte d'Ivoire. D'ailleurs, je ne suis pas sûr que les gens aimeraient. Je passe tout mon temps libre à jouer à la console. Ce n'est pas sérieux, je sais, mais Dousse m'encourage à décompresser ; je ne peux pas travailler sept jours sur sept, j'ai treize ans ; « à treize ans, les jeunes jouent à la console », affirme-t-elle. Elle a peut-être raison. Mais j'ai quand même apporté mes livres de math., que je lis le soir avant de me coucher. Je feuillette les pages, j'essaie de comprendre les cours que je n'ai pas encore vus. J'aime la théorie mathématique pour elle-même.

Je rentre chez Adjara le dimanche soir. Nous mangeons en tête à tête. Lorsque je lui avoue que je n'ai pas beaucoup travaillé, elle se moque gentiment de moi. « Tu vois pourquoi on n'a pas la télé ici ? », persifle-t-elle. Sans commentaire.

J'ai de plus en plus de mal à me lever le matin. Le froid et la tristesse du mois de novembre ne sont pas étrangers à ma morosité. La classe tourne au ralenti. Heureusement, certains élèves sont là pour mettre de l'ambiance. Les blagues fusent toujours autant sous le regard désapprobateur de Mathias : « Non, ce n'est pas bien, ça. »

Ce mercredi matin, pendant que les autres sont à la piscine, je vais travailler en étude. J'en profite pour mettre de l'ordre dans mes notes, je range mes classeurs. L'après-midi est consacré au français. Comme je n'ai pas passé le bac de français à Abidjan, je suis dans l'obligation de le faire cette année. C'est pourquoi, outre les cours de terminale, j'ai deux heures de cours

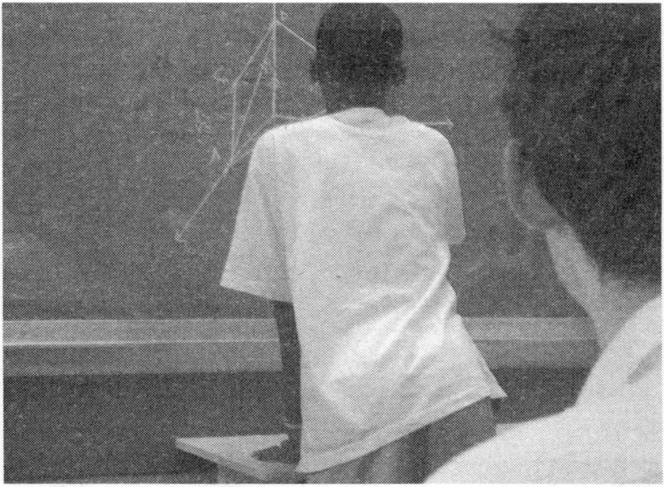

Au tableau

particulier une fois toutes les deux semaines avec une prof du lycée, Madame Audepin. Au début de la séance, elle me donne un texte à lire à voix haute. On en profite pour travailler ma diction. J'essaie de parler plus lentement, de bien articuler, mais je n'ai jamais vraiment su. Puis vient le stade du commentaire : je travaille à l'aide de polycopiés et de synthèses. Deux épreuves m'attendent : l'oral, qui concerne les textes que je vois avec elle, et l'écrit, qui consiste en une dissertation ou un commentaire portant sur un texte inconnu. Afin de gagner du temps, nous décidons de laisser de côté la technique de la dissertation – trop long et trop compliqué, aux dires de Mme Audepin. « On va plutôt concentrer nos efforts sur le commentaire. Ça te servira à la fois pour l'oral et pour l'écrit. » C'est par ce biais que je découvre Baudelaire. J'accroche immédiatement. On ne travaille pas trop les auteurs français en Côte d'Ivoire. On bosse surtout sur Césaire et Senghor. Baudelaire me parle tout de suite, surtout « Spleen », qui devient bientôt mon poème préféré (je l'ai même appris par cœur). J'achète aussitôt les *Fleurs du Mal*, que je dévore en quelques heures. Molière me plaît moins. Le langage utilisé est trop précieux ; c'est un peu loin de moi. Vient le tour de Voltaire, Cyrano de Bergerac, le Tasse, Chateaubriand, Rousseau et Ionesco (je ne suis pas sûr de toujours apprécier à sa juste valeur l'humour de ce dernier)… De tous les auteurs cités, mon préféré reste de loin Baudelaire.

C'est Adjara qui me fait connaître Ferré. Dès que je lui parle de ma passion pour Baudelaire, elle est fière de m'annoncer qu'un grand chanteur français l'a mis en chanson, et que ce chanteur s'appelle Léo Ferré. Je lui demande aussitôt de passer le disque. Et là, je reste scotché. C'est magnifique, splendide. J'en pleurerais presque. Ce disque me donne envie de découvrir d'autres chansons de cet artiste. Visiblement, Richard l'apprécie aussi beaucoup, puisqu'il possède tous ses disques. Après Brassens et Brel, je me mets donc à Léo Ferré.

Décembre arrive, en même temps que le froid, le vrai. Mon premier hiver parisien : une nouvelle expérience. Bien que je n'aie jamais connu un tel climat à Abidjan, l'idée de passer Noël dans le froid m'excite beaucoup. Le prof de math. a rendu les copies. J'ai eu 15, une des meilleures notes de la classe. J'ai également réussi à remonter mon niveau dans les autres matières importantes, la physique et la bio. Le reste de mes résultats n'est pas terrible, mais concerne des matières qui comptent peu au regard des trois disciplines scientifiques.

À l'approche de Noël et des vacances, mes camarades sont de plus en plus joyeux. Après la déprime de novembre, c'est agréable de les retrouver de bonne humeur. Curieux tout de même, comme une fête peut transcender les gens, et transformer la ville. J'ai l'impression que les gens sourient davantage ; en tout cas, ils ont l'air un peu moins déprimés. Même les profs sont plus décontractés. Il faut dire que l'aspect des rues est radicalement changé. Les lumières scintillent partout, la moindre impasse a sa guirlande. Les magasins ressemblent à de petits musées, avec leurs poupées articulées. Devant leurs vitrines, on voit beaucoup d'enfants juchés sur le dos de leurs parents. Alors, les gens se côtoient forcément davantage, ils ont un sujet de conversation tout trouvé. Et puis, chez les petits commerçants et dans les cours d'immeubles, il y a des sapins avec des boules multicolores. Tout cela met de la gaieté. C'est curieux qu'ici on réserve la couleur à cette courte période. L'hiver parisien serait sans doute plus clément si on l'habillait ainsi du mois de novembre au mois de mars.

La semaine précédant les vacances, je reçois mon bulletin scolaire. Il n'est pas excellent. Toutefois, mon prof de math. s'est montré rassurant : selon lui, je ne dois pas m'inquiéter, je suis fait pour les études ; si je continue à ce rythme, je devrais m'inscrire en prépa l'année prochaine.

Mon premier Noël en France

Le train accélère de manière époustouflante. Je n'avais encore jamais vu ça. C'est la première fois que je prends le train, qui plus est un TGV. Celui-ci va tellement vite que je n'arrive même pas à contempler le paysage. Il est 20 h 00 ce vendredi de décembre. Les cours se sont terminés il y a quelques heures. Ma sœur et moi allons passer Noël et les vacances chez Richard, dans le Midi. À côté de moi, Adjara lit des revues. Je n'ai pas envie de lire, trop fatigué pour réussir à me concentrer. Je suis en France depuis deux mois et, à l'exception des quelques fois où je suis allé jouer aux jeux vidéo dans une salle à côté de l'appartement, et puis peut-être aussi les samedis soirs place d'Italie avec Afchine et Pierre, je n'ai pas arrêté une seule seconde.

— On arrive quand ?

Question rituelle.

— Dans deux heures, je crois.

Trois heures plus tard, nous descendons en gare d'Aix-en-Provence. Le changement de climat est immédiatement perceptible : il fait plus doux qu'à Paris, l'air est nettement moins glacé. Je préfère ça. Sur le quai, Richard nous attend. Il est venu avec le copain de sa mère. Lui dit « copain », alors que c'est une sorte de beau-père. C'est rigolo. Comme Le Clapier, le hameau où vit Richard, est loin et qu'il est tard, nous décidons de passer la nuit à Manosque chez le copain en question. Pour la première fois de ma vie, je dors seul dans une chambre. Le lendemain, nous partons de bonne heure pour arriver tôt au Clapier. C'est un petit hameau tranquille. La maison de Richard est grande : son père étant décédé, il y habite seul avec sa mère ; elle en haut, lui en bas. Sur le devant, il y a un grand jardin avec une multitude d'arbres et de chats. Richard adore les chats ; il doit en avoir six, je crois, qu'il a récupérés ici et là. Il enseigne au lycée de Lorgues, une petite commune à une quinzaine de minutes à vol d'oiseau. Ici, le moindre trajet se fait en voiture. Ça me rappelle Abidjan, la promiscuité en moins, car, à ma grande surprise, j'ai ma

Vue devant la maison du Clapier avec le chat Albi

chambre à moi. Une grande et belle chambre avec un lit immense. Attention, je vais finir par y prendre goût !

Nous passons la journée à nous balader dans les environs. La mère de Richard, Danielle, est très chaleureuse. Les vacances s'annoncent excellentes. Bien entendu, ce premier week-end, je ne travaille pas. Je m'accorde un peu de repos. À 9 h 30, je prends mon petit déjeuner dans un grand salon ; ensuite, nous partons faire des courses. C'est jour de marché. Les marchés français ressemblent un peu aux marchés ivoiriens. Les gens crient, tout le monde se bouscule. Les stands sont colorés et variés, on y trouve toute sorte de denrées : du poisson, de la viande, des légumes... Le choix est vaste et, bien que les prix soient beaucoup plus intéressants que dans les supermarchés, j'entends des personnes qui marchandent. Ce doit être un principe sur les marchés, ainsi les gens ont sans doute l'impression de se retrouver un peu en Afrique... J'aime ce genre d'ambiances. Nous achetons du bon pain de campagne, de beaux fruits, des légumes avant de passer chez le boucher. L'après-midi, nous partons nous promener dans la région. Le soir, nous regardons des DVD. Je me mets au travail le lendemain matin, de 9 h 00 à 12 h 00. Richard m'apporte son aide. Il me montre des astuces en math., m'explique des nuances que je n'ai pas comprises. Il m'apprend à mieux m'organiser, comment prendre des notes en classe, comment les classer. L'après-midi, je décide de regarder la télé mais, à part quelques dessins animés de Noël, il n'y a rien. Tant pis.

Nous passons le réveillon chez Luc, le frère de Richard, physiquement aux antipodes de celui-ci : il est grand, costaud et blond. Virginie, sa femme, est une petite brune pétillante. Ils tiennent un supermarché à Draguignan, non loin du Clapier, à environ une demi-heure en voiture. Nous nous habillons bien, pantalon-chemise-veste. En Côte d'Ivoire, on est attentif à la manière de s'habiller. La soirée se déroule parfaitement. Au menu : dinde aux marrons, huîtres, foie gras. Je n'avais jamais rien mangé de tout ça auparavant. Je fais une timide tentative avec les fruits de mer, en vain. Les huîtres me dégoûtent un peu, c'est visqueux et translucide, on a l'impression de manger des yeux. Comment se fait-il que je n'y aie jamais goûté à Abidjan ? Est-ce qu'il n'y en a pas ou bien est-ce que c'est un coquillage qui ne se mange pas là-bas ? Je ne m'étais jamais posé la question, ne sachant pas que ces drôles de bêtes existaient. Minuit sonne enfin. Tout le monde s'embrasse, on s'offre les cadeaux qui attendaient depuis un moment au pied du sapin. Au fait, pourquoi un sapin ? J'ai plein de paquets. Je les ouvre aussitôt : des pulls, des pantalons... et des livres de math. Rien ne peut me faire plus plaisir. Des bouquins de théorie, pas d'exercices, « tous écrits par de grands mathématiciens, ces poètes de l'abstrait », m'explique Richard avec passion. À peine déballés, je commence à les dévorer.

— Tu ne vas pas te mettre à bosser, Momo ? C'est Noël, me lance Adjara.

— Mais je ne travaille pas, c'est du plaisir pour moi.

Nous rentrons vers quatre heures du matin. Je dors dans la voiture, cramponné à mes livres. Je n'ai jamais veillé aussi tard de toute ma vie. Je ne me lèverai pas à neuf heures demain matin.

« Et alors, c'est à cette heure-ci qu'on se réveille ? », me taquine Adjara dans la cuisine. Il est 13 h 00, je viens tout juste d'émerger. J'ai dormi comme un loir. Je travaillerai plus cet après-midi. Curieusement, je n'ai pas faim. Je me contente d'un bol de chocolat chaud. Le feu dans la cheminée est allumé, Richard et Danielle sont assis devant. Nous les rejoignons. La journée passe très vite. Je lève la tête vers 18 h 00 pour me plonger presque aussitôt dans mes bouquins. C'est assez difficile mais je ne lâche pas prise. Pour moi, la beauté des math. vient de ce qu'elles consistent en une sorte de jeu. Le soir, je me couche épuisé. Je n'ai toujours pas récupéré de la veille. Si je veux tenir le programme que je me suis fixé, je n'ai pas d'autre choix que de m'endormir tôt.

Je n'ai presque pas le temps de voir passer les vacances. Je travaille tous les matins, parfois avec Richard, parfois seul, essentiellement les math., la physique et la bio. L'après-midi (sauf froid intempestif, auquel cas nous restons bien au chaud devant un bon feu) est consacré aux promenades.

Dans le train du retour, j'ai un peu le cafard. Je pense à mes parents qui sont loin et qui me manquent. C'est la première fois que je fête Noël et la nouvelle année sans eux. Et puis j'ai appris que la situation politique en Côte d'Ivoire se compliquait. Même si je ne connais pas tous les tenants et les aboutissants de ce nouveau contexte, je suis un peu inquiet pour eux. Mais ils me disent que tout va bien là-bas quand je les ai au téléphone. Je suis triste d'avoir quitté Le Clapier. J'étais tellement plus tranquille là-bas qu'à Paris où tout est bruyant. Nous sommes maintenant en 2004 ; plus que quelques mois avant le bac.

La dernière ligne droite

— Tu n'en as pas marre des sandwichs au poulet ? me demande Afchine.

— Si, je lui réponds.

— Alors, pourquoi tu continues à en prendre tous les jours ?

— Je ne sais pas.

— T'es vraiment chelou, comme gars, toi.

C'est vrai, j'en ai un peu marre, des sandwichs au poulet. Mais comme je n'aime pas le thon et que je n'ai pas le droit de manger du porc, le choix est limité.

Je n'aime pas le mois de janvier : il fait encore plus froid qu'en décembre et les vacances sont déjà loin. Maintenant que je me suis bien reposé, je suis prêt à travailler d'arrache-pied pour le bac et la prépa. Normalement, un élève de math. sup est choisi en fonction de ses notes de première et de ses deux premiers trimestres de terminale. Dans la mesure où j'ai fait ma première en Côte d'Ivoire, je serai jugé uniquement sur les deux trimestres de terminale. Or, comme j'en ai quasiment raté un, je n'ai pas intérêt à louper le deuxième. Je décide de ne plus sortir jouer aux jeux vidéo. Je m'autorise uniquement à aller avec les autres, place d'Italie, tous les samedi soirs. Entre cours de français et cours de langues, j'essaie tant bien que mal de rattraper mes retards. Ce qui m'oblige, entre autres, à participer en classe, pour le plus grand bonheur de Mrs Beaddle et des autres élèves, du moins le peu d'entre eux qui ne sèchent pas les cours, toujours prêts à s'esclaffer à cause de mon accent.

Au fil des mois, mes notes remontent dans toutes les matières, y compris en histoire. En philosophie, j'obtiens invariablement la même note d'un devoir à l'autre : 8 sur 20. Certains diraient que je suis un monstre de régularité. Les conseils de Richard sur la prise de notes et les méthodes de classement commencent à porter leurs fruits. À plusieurs reprises, j'ai même l'occasion d'aider mes voisins en cours. Les profs nous parlent de notre orientation après le bac. Certains élèves veulent aller en fac, d'autres en prépa ; d'autres, enfin, ne savent toujours pas ce qu'ils veulent faire. Ce qui me surprend, c'est que tous ou presque s'apprêtent à continuer leurs études. Je ne crois pas en avoir entendu un seul dire qu'il allait chercher du travail. Rien à voir avec la situation en Afrique. Je ne sais laquelle des deux pratiques est la plus saine, elles me semblent excessives chacune dans son genre. Parce que, même si donner une chance à tous me paraît important, il est évident que tous les élèves ne peuvent pas réussir de la même manière. Moi, j'ignore quel métier j'aimerais exercer, mais je n'ai aucun doute quant à la formation que je veux suivre, une formation scientifique, la meilleure possible, dans un premier temps ; on verra ensuite. Au moment de choisir une classe préparatoire, j'ai le droit d'émettre cinq vœux. Richard m'a beaucoup aidé aussi à y voir clair dans mes choix d'orientation, nous en avons longuement parlé et je suis maintenant convaincu que la décision que j'ai prise est la meilleure pour moi. Je n'ai que treize ans mais j'ai la chance d'être bien encadré et conseillé.

— Demande carrément Louis-le-Grand, Momo, me conseille un jour Afchine au beau milieu d'une récréation.

— Ou Henri-IV, renchérit Pierre.

— Je ne serai jamais pris et vous le savez bien, je leur réponds.

— Mais n'importe quoi ! T'as vu comme t'es fort en math. ? Et tu n'as que 13 ans !

— Oui, mais je ne suis pas le seul en France à avoir de bonnes notes en math., et il y en a d'autres qui, en

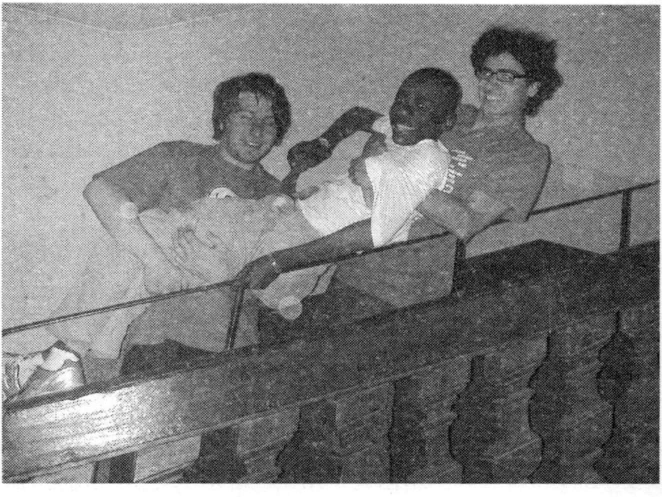

Pierre et Darius me portent dans l'escalier de Massillon

plus, sont brillants en anglais, en histoire, en allemand. Moi, à part les matières scientifiques, je suis très moyen.

— Oui, mais tu n'as que 13 ans, s'enthousiasment en chœur Afchine et Pierre.

— Mais laissez-le un peu respirer, interrompt saint Mathias qui a tout entendu. Cessez de lui mettre la pression.

— On ne lui met pas la pression, on l'encourage, c'est différent, répond Afchine.

— Ouais, et si tu veux, on peut écrire une chanson de rap pour t'encourager, lance Pierre.

— Ouais, man, c'est une bonne idée, ça... Ça ferait...

Pierre tente d'imiter une batterie ou une percussion. En temps normal, ça s'appellerait *beat box* ou *vocal box*. Mais là, le résultat est plutôt raté. Sans parler des paroles. Mais ce sont mes amis. Alors, ils peuvent bien faire de mauvaises chansons, moi ça me fait rire. Et je suis bien content de les avoir rencontrés tous les trois : Mathias le sérieux, Pierre le rigolo et Afchine « cool man ». Chacun a sa personnalité, ils sont très différents mais ils s'accordent si bien ensemble. J'ai l'intuition que notre amitié ne fait que commencer et qu'elle va mûrir au fil des ans. J'aime bien penser ça, ça me rassure sur l'avenir qui, pour moi plus encore que pour eux, reste incertain, ça me conforte dans l'idée que j'ai vraiment eu raison de venir m'installer en France et pas que pour les études.

Déjà les vacances de février, six semaines seulement après celles de Noël. Il n'y a pas autant de vacances en Côte d'Ivoire, il n'y en a que deux fois par an, en été et à Noël. Adjara part rejoindre Richard dans le sud de la France ; de mon côté, j'atterris chez Dousse et son copain à Joinville. Le premier week-end, je me contente de faire un peu de console, je regarde la télé, je traîne. Mais dès le lendemain, je me mets à réviser toutes les matières, histoire et français y compris. J'ai apporté avec moi les *Fleurs du mal* et les disques de Brassens, Brel et Ferré.

Je m'assieds à mon bureau à partir de 9 h 00 ou 10 h 00, pour m'arrêter de travailler aux environs de 18 h 00. Je fais quand même une bonne pause à midi pour déjeuner ; j'ai toujours été un gros mangeur. Autant que possible, j'essaie de m'interdire de jouer à la console. C'est difficile mais j'y arrive. Le soir, je me replonge dans mes lectures (en ce moment, *La ferme des animaux* de Georges Orwell, conseillée par Adjara, où je découvre un peu la vie de Napoléon...), ou bien je regarde un film avec les autres. Les jours commencent à rallonger. Nous sommes déjà en mars. Le temps se réchauffe certes un peu, pas assez cependant pour que je cesse d'avoir froid.

En fait, plus le bac avance et moins je stresse. Je me dis que, dans la mesure où je travaille beaucoup, il n'y a pas de raison que je ne l'aie pas. J'ai toujours cru en la vertu du travail. Je téléphone souvent à ma famille à Abidjan pour leur donner de mes nouvelles. Ils me manquent beaucoup, mais je n'en dis mot : je n'ai pas pour habitude de me plaindre. Je tombe presque toujours sur Kadi qui révise le bac comme moi. Nous parlons de nos progrès respectifs, de notre vie, chacun de son côté. Nous avons toujours été très complices. Nous nous chambrons quand même un peu. Elle semble plus inquiète que moi. Mes parents vont bien, et, bien que je lui manque, ma mère me répète qu'elle est heureuse, elle me le dit tout le temps au téléphone : mon bonheur est le sien.

Au lycée, les autres élèves commencent à paniquer. Cela peut paraître étrange, mais pas moi. Au cours du printemps, j'apprends que je suis pris à Charlemagne, un lycée dans le Marais, non loin de Massillon. C'était mon troisième choix derrière Louis-le-Grand et Henri-IV. Mes profs et mon proviseur ont dû intercéder en ma faveur, car il est clair qu'au vu de mon premier trimestre, ils n'auraient jamais accepté de retenir ma candidature. Le deuxième trimestre s'est mieux passé. Je suis maintenant second en math. et dans les trois premiers dans les autres matières scientifiques. Pour le reste, c'est un peu plus compliqué. En philo, je stagne à 8 sur 20, ce qui est trop faible. En histoire-géo et en langues, je n'obtiens que rarement des notes au dessus de la moyenne. Le

Pas toujours si sage...

programme d'histoire est tellement différent de celui que je suivais en Côte d'Ivoire ! Je connais bien l'histoire de l'Afrique, beaucoup moins celle de la France et de l'Europe. Alors, pour limiter la casse lors des examens du bac, je décide de ruser. Les deux matières se passent conjointement avec à chaque fois une majeure. Ces deux dernières années, c'était la géographie la majeure. Les élèves devaient disserter ou commenter un texte ; dans le même temps, le sujet d'histoire imposait seulement de compléter une carte ou une frise. La logique voudrait que cette année, ce soit l'histoire qui tienne lieu de majeure. J'aurai donc à commenter un sujet en rapport avec les cinq chapitres de cette année. Sachant qu'il y a deux sujets au choix, je me décide d'apprendre seulement trois chapitres : la Première Guerre mondiale, les relations internationales de 1945 à nos jours et la décolonisation, au détriment de la France politique et sociale. Je me dis que l'un des deux au moins correspondra à un chapitre que je connais. Pour la géographie, même tactique. Il y a six cartes au total alors qu'au bac on a le choix entre trois. Je décide d'en apprendre quatre par cœur, avec leur commentaire. On n'est jamais trop prudent.

En ce qui concerne la philo, il est difficile de réviser quoi que ce soit. De toute façon, l'appréciation d'un sujet me semble tellement subjective qu'on ne sait jamais quelle note on peut obtenir.

Dehors, il fait de plus en plus beau, et, chose incroyable, il commence à faire chaud.

Richard monte passer les vacances de Pâques avec nous à Paris. Adjara et lui sont contents de se retrouver. J'ignore comment ils arrivent à vivre séparés. Richard me dit avec humour que je comprendrai plus tard. Je travaille tous les jours, toutes les matières, même l'anglais. Selon mon beau-frère, il ne faut en négliger aucune. Mais je travaille seul, Richard se contentant de me conseiller. En fait, sa méthode consiste à exacerber ma curiosité au cours de longues conversations, le plus souvent en nous baladant en fin d'après-midi le long de la Seine. Il me parle de certains grands mathématiciens ou physiciens, ces « génies de l'ombre » comme il dit : Andrew Willes, André Weil, Bourbaki, Einstein, Feynman... Mais aussi de poètes, comme Byron, le grand romantique, ou de philosophes : Nietzsche, tendu vers la lucidité jusqu'à en perdre la raison, Freud aussi, ce grand explorateur de l'âme humaine... En dehors de ces promenades, je ne sors presque plus, seulement les samedi pour aller danser. Je me suis lancé et j'ai pris goût au hip hop. Depuis que le salon de coiffure de la galerie commerciale a rouvert ses portes, Afchine, Pierre et moi avons dû changer d'endroit. Nous nous retrouvons maintenant à côté de la gare de Lyon, en extérieur. Il commence à faire bon, ce n'est pas désagréable.

Début juin, deux semaines avant les épreuves, une équipe de télévision débarque dans notre classe. Apparemment, je suis le plus jeune candidat au bac cette année. Une journaliste de l'AFP a fait des recherches, référencé l'âge des candidats et je suis sorti premier. Un bon début. Je n'ai rien contre l'idée d'être filmé, je trouve même ça plutôt rigolo, c'est pourquoi j'ai accepté avec l'accord d'Adjara. Je regrette seulement que mes parents ne puissent pas me voir. Après les cours, les journalistes de France 2 (le reportage doit passer dans deux jours au journal de 20 h 00), viennent même me filmer chez moi avec Adjara. Les autres élèves n'en peuvent plus, certains doivent même être un peu jaloux.

Pour eux, la télé, c'est quelque chose d'énorme. En ce qui me concerne, je suis finalement bien content de ne pas l'avoir. Elle fait trop souvent passer des vessies pour des lanternes. C'est drôle ce changement de point de vue. Dire qu'à mon arrivée, j'étais tout déçu qu'il n'y ait pas de télé chez Adjara ! Je crois que je peux lui dire un grand merci de n'avoir pas cédé là-dessus. Non seulement, j'aurais risqué de me disperser et d'en oublier mon travail mais encore, je lui suis reconnaissant de m'avoir « délivré » de cette mauvaise habitude. Je vais essayer de ne pas trop me laisser tenter dans l'avenir. Mais a priori, vu le programme qui m'attend, je ne devrais pas avoir le temps de regarder la télé de toute façon.

Le soir de la diffusion, je descends manger un kebab en bas de chez moi et demande au patron de mettre le journal de France 2, ce qu'il fait volontiers. Depuis le

L'équipe de journalistes pendant le cours de physique

temps que je vais chez lui, on commence à bien se connaître. Quand je lui dis que je passe à la télé, d'abord il refuse de me croire. Je m'assieds avec mon plateau. Soudain, la présentatrice annonce le sujet : « Le plus jeune candidat au bac cette année... » ; suivent les images de la classe, d'Adjara et du studio. Le patron reste bouche bée. « Mais c'est toi ! », s'exclame-t-il en me reconnaissant. Pour fêter ça, il décide de m'offrir le repas.

Le reportage a mis le feu aux poudres médiatiques. Pendant plusieurs jours, j'ai droit aux autres télés, aux radios et même à l'AFP. Je trouve étrange tout ce remue-ménage autour de moi. S'il m'amuse, je n'en comprends pas vraiment l'intérêt. J'ai la sensation de devenir un sujet monté en épingle. Il vaut mieux que je garde la tête sur les épaules car, une fois le bac passé, tout le monde oubliera le petit Momo et c'est bien naturel. Donc, autant éviter la désillusion en ne se faisant pas d'illusions. Ceci dit, l'appréhension que me procurent les examens est là pour y veiller. Quand j'ai dit à mes parents que je passais à la télé, ils sont devenus fous et m'ont demandé pourquoi je n'avais pas aussi les honneurs de la télé ivoirienne.

Le bac approche mais je ne suis toujours pas angoissé. J'ai bien travaillé cette année. J'ai encore terminé second en math., mais premier en physique et parmi les cinq premiers en bio. Mes profs m'ont dit qu'ils avaient confiance. De leur côté, les médias se sont un peu calmés. La veille de l'examen, je prépare consciencieusement mes affaires et m'endors tôt, vers 21 h 00.

Les épreuves du bac

Le réveil sonne à 6 h 00 précises. À 7 h 30, il faut que je sois devant le lycée Massillon où se dérouleront les épreuves. Je suis content de passer le bac dans mon lycée. Ce sera moins déstabilisant. Adjara se lève pour me préparer mon petit déjeuner. Sous la douche, j'essaye de faire le point. Je suis étonnamment calme, peut être parce que la première épreuve concerne la philo et que j'ai été laborieusement constant toute l'année. Dehors, il fait jour. Ma sœur a ouvert les fenêtres pour aérer un peu.

— Tu es prêt ? me demande-t-elle.

— Oui. Mais, tu sais, ce n'est que la philo.

— Ne dis pas ça, toutes les matières sont importantes.

— Oui, oui, je lui réponds en baillant.

— Tu n'as rien oublié ?

— Non, non, j'ai toutes mes affaires.

— Je l'espère pour toi. Tu ne stresses pas trop ?

— Moins que toi, visiblement.

J'ai rendez vous avec les autres à 6 h 45. Pour une

fois, personne n'est en retard, pas même Pierre. En chemin, nous parlons beaucoup et rions fort, trop fort pour que cela ne cache pas une petite peur au ventre. J'ai hâte d'être à la semaine prochaine pour en être débarrassé. Pas de mes amis, du bac, bien sûr. Nous arrivons devant l'école un peu avant 7 h 30. D'autres élèves attendent déjà sur le trottoir, presque tous silencieux. Ils ont l'air fatigué, avec leur petite sacoche à la main. Ils pensent certainement la même chose de nous.

— J'ai comme une boule dans le ventre, lance soudain Afchine.

— Moi aussi, c'est affreux, lui répond Pierre. J'aurais pourtant cru que j'échapperais à cette sensation. Pourquoi ils nous font ça ? On devrait supprimer le bac. C'est inhumain.

— Et ce n'est pas fini, lui rétorque Mathias. Après le bac, se sera les partiels ou les concours. En fait, le bac, il paraît que c'est de la rigolade à côté du reste.

La porte s'ouvre. Nous nous engouffrons à l'intérieur.

— Je n'ai qu'une chose à vous dire : merde, les gars, lance Afchine.

Nous lui répondons tous en chœur, à la suite de quoi chacun pénètre dans une salle différente. À chaque porte, des profs de Massillon chargés de vérifier nos convocations ainsi que nos passeports. J'ouvre mon sac, fouille. J'ai bien pensé à prendre ma convoc mais impossible de mettre la main sur mon passeport. J'ai dû l'oublier à la maison. Une boule d'angoisse se forme à l'endroit de mon estomac. Je comprends maintenant ce que ressentent les autres. Que vais-je faire ? Si on m'empêche de passer l'épreuve de philo, je suis foutu, je serai considéré comme absent, j'aurai zéro ; si j'ai zéro, je suis éliminé d'office. Que vont dire mes parents ? Tous leurs sacrifices réduits à néant à cause de mon étourderie.

— Tu as ta convocation, Mohamed ? me demande le prof de philo.

— Oui, mais j'ai oublié mon passeport chez moi.

Il regarde l'heure… et me laisse entrer.

— Demain, tu ne l'oublies pas, vu ?

Je suis soulagé. Je m'assieds à la place qui porte mon numéro, sors ma trousse et attends. À côté de moi, d'autres élèves sont déjà en train de boire du jus d'orange ou de manger des barres de céréales. À 8 h 00 tapantes, le prof de philo ferme la porte et commence à distribuer les sujets.

Sans même regarder la dissertation, je me jette sur le commentaire. Un texte de Descartes. Je ressors quatre heures plus tard, complètement épuisé.

Les autres m'attendent déjà à la sortie. Ils sont partis bien avant moi, on dirait.

— Alors, t'as pris quoi ? me demande Mathias.

— Le commentaire, et toi ?

— Moi aussi. Tu crois que j'ai bien fait de faire un plan en… ?

— Écoute, je n'ai pas tellement envie de parler de ça, je suis désolé.

— Je comprends. Et toi, Pierre, tu as fait quoi ?

Je ne m'attarde pas trop. Le lendemain a lieu l'épreuve de français, il faut que je révise un peu. Le soir, Adjara me demande comment s'est passée cette première matinée.

— Dans l'ensemble, pas trop mal, mais tu sais, avec la philo on ne peut jamais savoir.

À 21 h 00, je suis couché. Je m'endors presque immédiatement.

Le lendemain matin, rebelote. Lever à 6 h 00, pour un

Pierre et moi devant la fontaine Saint-Michel
(à deux pas de mon futur éditeur)

rendez-vous au lycée à 7 h 30. Sans les autres, cette fois. Sur le chemin, je marche vite en regardant mes pieds. Arrivé un bon quart d'heure en avance, je m'assieds sur un banc non loin de l'entrée. Bien qu'ils soient plus jeunes que ceux d'hier, les lycéens qui attendent ne dérogent pas à la règle : ils ont tous l'air angoissé. Ne le suis-je pas autant qu'eux ?

— Tu as oublié ton passeport ? me demande la surveillante de l'épreuve, une autre prof de Massillon.

Je ne sais plus où me mettre. Oublier son passeport deux fois de suite, ça, vraiment, il faut le faire ! Finalement, après avoir pris l'avis de M. Cazoles, elle me laisse entrer.

— Essaie seulement de ne pas l'oublier cet après midi.

Quatre heures plus tard, je suis de nouveau chez moi. En entrant, je me précipite sur mon passeport pour le glisser dans mon sac. Mieux vaut être prudent.

Malgré un stress de plus en plus présent et la fatigue qui commence à pointer, les épreuves se déroulent bien (y compris celles de langues où je parviens à limiter la casse), jusqu'au moment où arrive l'histoire-géographie. Ce matin-là, je me dis qu'avec ma méthode de tri sélectif, ça ne peut pas mal se passer. Les chapitres que j'ai appris par cœur tomberont forcément, c'est statistique. Au moment où je l'explique aux autres, Mathias me dit :

— Tu joues quand même avec le feu.

— Moi, j'ai fait pire que toi, lance en riant Afchine, je n'ai rien appris du tout.

Les portes s'ouvrent. Après les encouragements d'usage, chacun entre dans sa classe. Comme je l'avais présumé, c'est l'histoire qui tombe en majeure, le sujet de géo se réduisant à une carte à commenter. L'histoire sera donc notée sur 12, la géographie sur 8. Je prie pour que le sujet de dissertation concerne l'un des trois chapitres que j'ai appris. Les seuls qui m'handicaperaient vraiment sont les Trente Glorieuses et la France sociale et politique. Je regarde la feuille que l'on me tend. Le premier sujet porte sur les Trente Glorieuses, le second sur… le France sociale et politique. Je n'ai pas sitôt pris connaissance des énoncés que je commence à paniquer. Je suis absolument incapable de les traiter. Aussitôt, mon regard se porte sur le sujet de géographie, une carte des USA, l'une de celles que je connais le mieux. Dieu soit loué ! Je passe deux heures sur la géo et essaye de traiter tant que bien que mal le sujet « étude de document » en histoire. Tant pis, on verra bien.

Heureusement que viennent ensuite les matières scientifiques. Ayant terminé en avance, je me paye même le luxe de me relire attentivement. Après le calvaire de l'histoire, je n'ai pas intérêt à me rater.

Jeudi soir, je sors avec les autres. On va se promener vers Bastille, on mange un sandwich, on décompresse. Mais il est difficile de ne pas repenser aux épreuves. D'autant qu'avec le recul, j'ai l'impression d'avoir commis une multitude d'erreurs.

— Je ne l'ai pas, j'en suis sûr, se lamente Afchine.

— Moi non plus, lance à son tour Pierre.

— Moi non plus, j'en suis persuadé, je leur réponds.

— C'est ça Momo, c'est ça. Si toi, tu ne l'as pas, alors personne ne l'a.

— Tu oublies l'histoire-géo, l'anglais et l'allemand.

— Oui, mais ce sont des matières à faibles coefficients. Et toi, tu es fort dans celles qui comptent le plus.

J'espère qu'ils disent vrai.

Comme moi, mes amis ont l'impression qu'ils ont tout loupé et que c'est foutu.

Pendant les trois semaines qui nous séparent des résultats, je ne fais pas grand-chose. Je me repose, j'en ai besoin. Je dors beaucoup, lis *Le théorème du perroquet* de Denis Guedj et en profite pour me balader ou jouer aux jeux vidéo. Adjara m'accompagne, ou bien ce sont mes camarades de Massillon. Une semaine avant les résultats, la pression commence à monter. Je n'arrête pas de penser à mes parents. L'idée que je puisse ne pas avoir le bac me rend malade.

Moi, Momo, 14 ans, ivoirien et plus jeune bachelier de France

Autour de moi, des cris, des larmes, des rires. La journaliste insiste malgré mon désarroi et me demande à nouveau de décrire mes premières impressions. Je lui dis que je suis content, que je me sens soulagé mais je lui avoue aussi que j'espérais avoir une mention. J'examine mes notes. 16 en math., 16 en physique et 8 en bio. 8 en histoire, 8 en philo ainsi qu'en anglais et en allemand. 11 en français, à l'écrit comme à l'oral.

« C'est génial ! », s'exclame une voix derrière moi. Je me retourne : Adjara. Elle m'embrasse et me félicite. Elle est la première à me réconforter quant à l'absence de mention. « Mention ou pas, c'est accessoire. Ce qui compte, c'est d'avoir le bac. » La journaliste acquiesce. Bientôt, Afchine, Pierre et Mathias me tombent dessus. Ils sont tous reçus, sauf Mathias, condamné à passer le rattrapage. Je n'ai pas d'autre choix que de relativiser.

— J'étais sûr que tu allais avoir une mention, me lance Afchine.

La journaliste note. Nous ressortons tous ensemble.

À l'entrée, il y a des caméras partout. Des journalistes de TF1 s'avancent vers moi et me demandent s'ils peuvent faire un reportage.

— Il n'y a pas de problèmes, leur dis-je puisque ma sœur est d'accord. Mais nous devons nous rendre à Massillon pour communiquer nos résultats à nos profs.

— Dans ce cas, on vous emmène en voiture, rebondit l'un des journalistes.

Nous voici donc embarqués, ma sœur, Afchine, Pierre et moi dans une voiture de TF1 en direction de Massillon. Avec nous, il y a aussi Samuel, un autre élève de mon lycée mais que je ne connais pas encore très bien. On devrait avoir l'occasion de sympathiser car on va se retrouver ensemble l'an prochain. Une fois à Massillon, les journalistes me filment tandis que je discute avec M. Cazoles. Mes professeurs sont ravis.

On dirait bien que c'est moi !

— À aucun moment nous n'avons douté, Mohamed, me dit M. Cazoles.
— Moi non plus, ajoute ma sœur en me faisant un clin d'œil.
L'après-midi, je me rends à Charlemagne avec Samuel pour nos inscriptions. De retour à la maison, je m'aperçois que le téléphone n'a pas arrêté de sonner. Radios et journaux nationaux veulent me rencontrer pour m'interviewer. J'accepte volontiers. Entre-temps, je téléphone à mes parents pour les prévenir que j'ai eu mon bac. C'est la fête au bout du fil, ils me disent qu'ils sont fiers de moi. Je crois même entendre ma mère chanter ; à moins que ce ne soit une de mes sœurs.
Le soir, Afchine et moi allons manger dans un MacDo sur les Champs-Élysées. À la sortie, des gens m'abordent dans la rue pour me féliciter. Ils viennent tout juste de me voir au journal télévisé.

L'après-midi du lendemain est consacrée aux journalistes. Le soir, je vais danser en compagnie d'Afchine et Pierre. Le 9 juillet, enfin, ma sœur et moi descendons dans le Sud. Pendant une semaine, je n'ouvre aucun livre. Dans la mesure où j'entre en prépa l'année prochaine, je sais que ce n'est pas très sérieux. « Apprends à être un peu indulgent avec toi-même, c'est les vacances », me taquine Adjara. Le séjour au Clapier dure un mois. La mer n'est pas très éloignée, nous y allons souvent. J'apprends en douceur les rudiments de la natation, à présent que je sais que je ne sais pas, et je ne nage jamais loin, je reste prudent. Retour à Paris mi-août. Afin de laisser Adjara et Richard un peu tranquilles, je passe beaucoup de temps chez Dousse. Je suis toujours soucieux de travailler quelques heures par jour afin de ne pas être perdu à la rentrée. En septembre, les demandes d'interview se succèdent. Nous les refusons toutes (à la longue, l'exercice est lassant), toutes sauf une. Je me souviens tout particulièrement de cette émission sur France 5, intitulée « Cas d'école », animée par Françoise Laborde et consacrée aux enfants précoces. Sur le plateau, nous sommes trois : une jeune romancière de quinze ans, un jeune acteur et moi. Il y a un psy aussi, plus âgé bien entendu, qui explique que notre point commun est d'avoir grandi dans un milieu ultra-favorisé. Je crois qu'il ignore d'où je viens. Comme je suis timide, je ne le lui dis pas.

Aujourd'hui Mohamed a quinze ans. À la rentrée, il passe en deuxième année des classes préparatoires aux grandes écoles scientifiques, une classe communément appelée « math spé ». Bien qu'il continue à ignorer ce qu'il veut faire plus tard, sa passion pour les math. est intacte. Adjara a obtenu avec succès son diplôme de stylisme et se lance dans la vie active ; Richard, lui, vit toujours au Clapier. Dousse vient de donner naissance à une petite fille, Océane, tandis qu'à des milliers de kilomètres de là, les parents de Mohamed n'ont de cesse de raconter les exploits de leur fils.

Pour la petite histoire : Charly, un pigeon tombé du nid alors qu'il était encore bébé, récupéré et nourri par Adjara et Momo, aura pris définitivement son envol après une année de cohabitation. Bizarrement, peu de temps après, une jeune pigeonne a choisi la jardinière de la fenêtre droite de leur studio pour pondre et couver. Les œufs n'ont pas encore éclos…

Vraiment, il y a des détails qui ne s'inventent pas.

Crédits photographiques

© Jérémy Martinville : page 86.

© bogoss2ouf : pages 83, 89, 93, 102, 112, 124, 127, 129, 138, 141, 153, 156, 159, 164, 170.

Table des matières

Impression réalisée sur Presse Offset par

C P I

Brodard & Taupin

42235 – La Flèche (Sarthe), le 31-07-2007

Dépôt légal : mars 2006
Suite du premier tirage : août 2007

POCKET – 12, avenue d'Italie - 75627 Paris cedex 13

Imprimé en France